下雨啦，浇个朋友

王瀚哲 著

四川文艺出版社　惊人院

图书在版编目（CIP）数据

下雨啦，浇个朋友 / 王瀚哲著. -- 成都：四川文艺出版社，2024.10.（2024.11重印）-- ISBN 978-7-5411-7069-0

Ⅰ．C912.11-49

中国国家版本馆CIP数据核字第2024CW3352号

xiayu la , jiao ge pengyou
下雨啦，浇个朋友
王瀚哲 著

出 品 人	冯　静
策划机构	惊人院
总 监 制	杨天意
责任编辑	王梓画
责任校对	段　敏
出版统筹	孙三三　陌　寒
策划编辑	沐　晓　梨　葱
营销发行	王　超　宇　文王　岩
装帧设计	阿　飘
排版设计	恣　恣
插　　图	老　蔡　阿　飘

出版发行　四川文艺出版社（成都市锦江区三色路238号）
网　　址　www.scwys.com
电　　话　010-85799975（发行部）　028-86361781（编辑部）

印　　刷　北京睿和名扬印刷有限公司
成品尺寸　130mm×185mm　　开　本　32开
印　　张　10　　　　　　　　字　数　151千字
版　　次　2024年10月第一版　印　次　2024年11月第二次印刷
书　　号　ISBN 978-7-5411-7069-0
定　　价　68.00元

版权所有侵权必究。如有质量问题，请与惊鱼文化联系更换。010-85799975

目录

前言 ⋯⋯ III

第一章 | 新手村

NO.01 登入 谁还没社恐过啊 ⋯⋯ 003
游戏复盘——什么是社恐？怎样克服社恐？ 012

NO.02 萌新试水 交朋友这事，没有什么不可能 ⋯⋯ 017
游戏复盘——如何完成一次主动社交？ 024

NO.03 萌新疑问 到底什么才是好关系呀 ⋯⋯ 031
游戏复盘——怎样维持好的朋友关系？ 046

NO.04 萌新定位 搞不明白自己，怎么可能搞明白别人 ⋯⋯ 049
游戏复盘——怎样找到人生目标？ 056

NO.05 新手攻略 再见吧，"紧张怪" ⋯⋯ 059
游戏复盘——初次见面应该怎么做？ 068

第二章 | 新地图

NO.01 叠 buff 如果不是遇见你 ⋯⋯ 073
游戏复盘——社交的意义是什么？ 082

NO.02 团战 人在团队里更能找到自己 ⋯⋯ 087
游戏复盘——在团队中应该扮演什么"角色"？ 105

NO.03 换手 离场的姿势必须帅 ⋯⋯ 109
游戏复盘——如何体面结束一段社交关系？ 121

/ 1 /

NO.04 卡bug 趴在坑里的时候该哭就哭 …… 125
游戏复盘——如何面对社交低谷？ 133

NO.05 初阶攻略 "金舌头"的修炼 …… 137
游戏复盘——如何锻炼表达技巧？ 150

第三章 | A线任务

NO.01 组队 识别自己找到的伙伴 …… 155
游戏复盘——如何把握社交分寸？ 167

NO.02 分物资 我的给你一半 …… 171
游戏复盘——如何在关系里长出新关系？ 184

NO.03 存档点 时间不败真心 …… 187
游戏复盘——如何让关系重新升温？ 194

NO.04 友善开麦 开心才能走得够远 …… 197
游戏复盘——如何化解朋友间的冲突？ 206

NO.05 中阶攻略 "破圈"的可能 …… 211
游戏复盘——如何认识想认识的人？ 220

第四章 | B线任务

NO.01 厂牌 给自己贴个标签吧 …… 225
游戏复盘——如何让朋友看见自己？ 236

NO.02 密钥 双向奔赴的秘密 …… 239
游戏复盘——如何让关系更紧密？ 249

NO.03 告别 比告白难一万倍 …… 253
游戏复盘——如何告别无效社交？ 266

NO.04 升级 重大突破 …… 269
游戏复盘——普通人如何突破圈层？ 282

NO.05 高阶攻略 跟比你厉害的人交朋友吧 …… 285
游戏复盘——如何通过建立个人品牌，实现向上社交？ 294

王瀚哲的 52 条交友法则 …… 297

挚友推荐 …… 302

后记 …… 306

我的身份，首先算是一个自媒体创作人。

我从初二开始做视频，一直持续到现在，已经度过了十二个年头。我是1998年生人，到今年26岁，过去人生的一半时间都在自媒体行业。除了创作视频内容外，我也参与综艺节目的录制，还出了一些音乐作品，目前正在创业，做一家游戏公司。

自媒体行业，是一个需要曝光自我的行业。知道我的人越来越多，也会多多少少听到一些对我的评价。大家开玩笑说王瀚哲是"交际花"，我好像也很难否认，毕竟我确实是一个喜欢交朋友，也善于交朋友的人。

我非常感谢大家认可我的社交能力，一些年轻的观众朋友也会向我倾诉他们的交友烦恼，很多问题集中在如何社交、如何解决与朋友的矛盾，等等。

我一般都会真挚地回复大家，但我总担心，网络上的一两句鼓励，听着有力量，却并不能实质性地解决问题。如果我从自己的成长经历出发，将过往的交友心得归纳整理出来，是否能帮助大家更好地交到朋友呢？

正是抱着这样的想法，才有了这本书的诞生。

关于交朋友这件事，我特别怕大家把它想得很严肃。一提起来，就会有一种螺旋向下的思考。比如，我交不到朋友，是不是性格有问题？是不是原生家庭有问题？

这种特别 down 的心情并不可取。

交朋友是件轻松愉快的事情，所以，我用了一点谐音梗来做书名。

"浇个朋友"，谐音交个朋友。

如果你的人生中，有人为你撑起了一把小伞，你要交的朋友这不就来了嘛！很有画面感，是不是？

　　为了让大家读得轻松，我把整本书设置成了一款闯关游戏。

　　说起来，交朋友这事和游戏闯关颇有共通之处，都需要攒经验、"打怪"。

　　为了方便理解，书里会引用一些我的个人经历，如果你希望这本书的工具属性更强一点的话，可以跳过这部分内容，直接阅读每一节的"游戏复盘"，那里是满满的理论干货。

　　现在，请大家把我当作游戏中的人物角色，操纵他来进行一局以"交朋友"为主题的闯关游戏吧！

—— 王瀚哲

游戏说明

游戏定位 ×
一款以"交朋友"为主题的 RPG（角色扮演）游戏。

游戏背景 ×
小镇终年阴雨，居民大多选择宅在家中。
某天，一位名叫"王瀚哲"的居民，决定勇敢地走出家门。
他要去看看外面的世界，他要去结交传说中的"好朋友"。

中国 BOY

角色介绍 ×

真　　名：王瀚哲♂（UID：562197）
昵　　称：中国 BOY、中国 BOY 超级大猩猩
职　　业：视频 UP 主[1]、主播、歌手
履　　历：2012 年开始制作游戏解说视频
　　　　　BILIBILI[2] 知名游戏区、生活区 UP 主
　　　　　BILIBILI 2018 年度弹幕人气奖
　　　　　五次 BILIBILI POWER UP 年度百大 UP 主奖获得者

---

1. UP 主（uploader），即上传者，网络流行词。指在视频网站、论坛等平台上传视频、音频文件的人。
2. BILIBILI，即哔哩哔哩，国内知名的视频弹幕网站，这里有及时的动漫新番，活跃的 ACG 氛围，有创意的 UP 主。

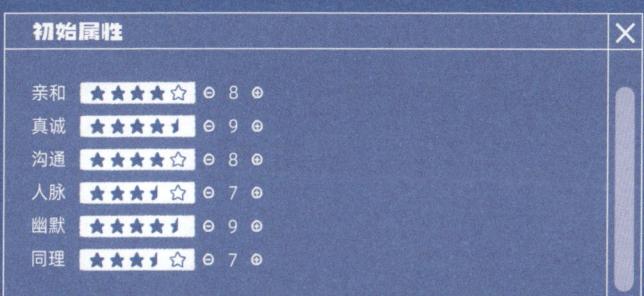

念出"friend"
开始游戏！

请扫描游戏邀请码

第一章
新手村

谁还没社死过嘛
NO. 01
登入

交朋友这事，没有什么不可能
NO. 02
萌新试水

到底什么才是好关系呀
NO. 03
萌新疑问

搞不明白自己怎么可能搞明白别人
NO. 04
萌新定位

再见吧，"紧张怪"
NO. 05
新手攻略

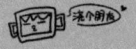

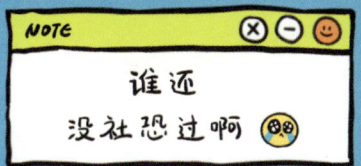

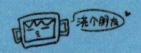

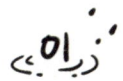

社恐,似乎已成为越来越多人内心的隐疾。

它常常表现为:

在公共场合的紧张不安,

或是与人交流时的结巴与回避。

在大多数人眼里,

「社恐」两个字应该跟我毫无关系。

但,谁还没有过社恐的时候呢?!

/ 005 /

02

学生时期,大多数人都有过被老师点名提问的经历。

通常情况下,老师的问题是很简单的,

只要上课没走神,

都能回答正确。

但是，为什么举手的是少数？

我觉得有两个原因：

一是担心老师看不到你举手，害怕期待落空。

你越这样担心，就越不会举手，表达的次数就会越来越少，内心会产生一个疑问——我是不是不行？产生了这样的疑问之后，内心的保护机制就会把你封闭起来。

二是担心回答得不够好。

你的心理阈值太高，总是希望得到完美的结果。对于答案的不确定，使得你没有勇气举手。

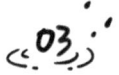

我记得有一次,是在小学三年级的英语课堂,
老师提问,我全程低头。
但那次,老师点了我的名字,让我把课本上的句子读出来。
"呃,这个英文到底怎么念?"
我整个大脑是蒙的,嗡嗡的。

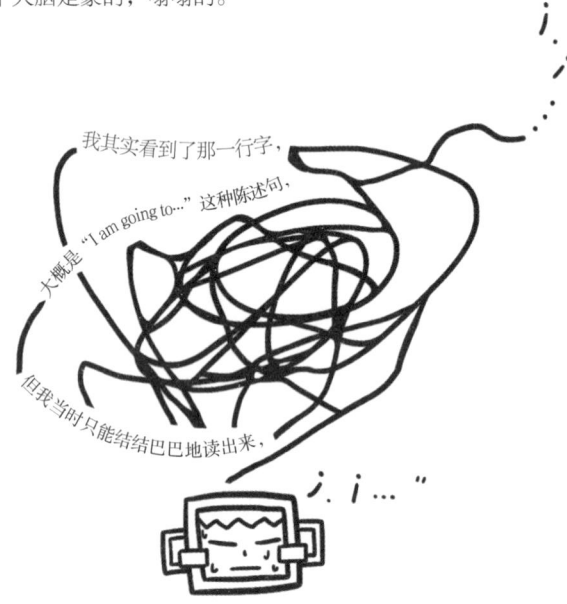

我其实看到了那一行字,
大概是"I am going to..."这种陈述句,
但我当时只能结结巴巴地读出来,
"i...i..."

现在回想起来,那时候的自己无非在担心两个点:一是老师的责骂,二是同学们的嘲笑。

让现在【进阶版】的我来看,

这种担心本质上还是心理预期太高。

这次不成功的经历,让我的自尊心有一点受挫,

害怕在大家面前回答问题,担心被叫上台解答题目。

如果按照这种心理发展下去,很可能会形成恶性循环

幸运的是,这种低迷,只在我人生成长的过程中,短暂地出现了一小下。

04

还有一次印象深刻的经历,在我小学六年级的时候。

当时,我不太愿意跟陌生人交流,性格十分内向。总担心如果跟陌生人聊天,对方会不理我,或者态度比较差。

那天,家里的亲戚,带我去公园里逛庙会。

但我赶着想回家看电视,小孩嘛,身上没有手表、手机,就问我亲戚,现在几点钟了?

他们肯定是知道时间的,但是没有直接告诉我,而是让我去找路人问下。

我内心既紧张,又着急。既想知道几点钟,又害怕跟别人聊天。

如果我过去问这个路人,他假装没听见或者干脆甩脸色给我,我怎么办?更可怕的是,他会不会直接生气,会不会直接拒绝我?让我去找别的人?

最后,因为实在太想看那个动画片了,我就鼓起勇气去问了一个路人。

想象当中的糟糕情况,都没有发生。那个路人语气正常地告诉了我时间。得到了答案的同时,我内心也得到了解放。

原来,跟陌生人交流并不难。

世界那么大
偶致 say hi 吧！

什么是社恐？怎样克服社恐？

我认为，社恐的本质很大一部分是内耗。

直播的时候，许多人问过我类似问题：到了一个新学校，或者上高中了，周围都是不认识的人。我很想交朋友，但是又很社恐，该怎么办？

人是一种社会性动物，一个人的时候感到孤单，到了新环境想要寻求集体认同感，这是很正常的。因为社恐而无法迈出社交第一步，很大一部分原因是对自己期待过高。

回顾小时候，交朋友是很轻松的一件事。

面对家里长辈带来的小孩，或者幼儿园里的同学，你不会过度地去预设怎么跟对方成为朋友，反倒是长大了，才会产生社恐问题。

如果你不想做社恐，想要去交更多的朋友，我认为：

☺ 1. 第一步法则：请勇敢迈出社交第一步。

如果总想着去交朋友，但并不付诸实际行动，

就变成了一个思想上的巨人。

☺ 2. 降低期待法则：接受别人的拒绝。

并不是所有人都能跟你成为朋友。

你总有自己看不顺眼和看得顺眼的人，别人当然也是。

话说回来,对于当代人的"社恐"泛滥现象,我是持不同意见的。

一部分人的"社恐",其实只是一个社交话题或者社交标签。

尤其是成年人之间,大家都说自己社恐,很少有人会说自己是社牛。

因为如果在一个聚会上,有人说自己是社牛,那他完蛋了,一定会被寄予很高的社交期望。

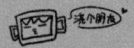

萌新试水

NO. 02

NOTE

交朋友这事，没有什么不可能 😎

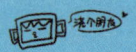

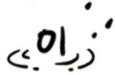

我的交朋友之旅也不是一帆风顺的,现在,就来分享下我的失败案例!

2012年初,我开始将自己制作的视频上传到网络平台。

那时,视频推荐算法[1]还未兴起。首页内容是由网站编辑人工挑选的。如果不在首页上,你的内容就很难被网友看到。

于是,我每更新一期视频,都会把视频链接通过邮箱发送给相关版块的主编。

有一次,编辑看到了邮件,把我的视频放在了首页。那个数据有多夸张呢?我之前的视频播放量只有几百,被推荐那条,一下子有了11万多的播放量。

那时,我太兴奋了,和我的同学都说了个遍,属于奔走相告的那种。

1.推荐算法,计算机专业中的一种算法。指通过一些数学算法,推测出用户可能喜欢的东西。

我想,如果现在去游戏群里面说话,是不是很容易就会认识新朋友?毕竟,我也算是个红人了。在一款射击游戏的贴吧里,我找到了游戏同好群。加群后,我跟大家介绍自己,"你们好,我是中国 BOY,我做过这个游戏的视频,想跟大家认识下,一起玩游戏。"

.

.

.

Nobody cares,没有人理你。

那好，志不同，道不合，不相为谋！

我又去跟视频创作者聊天。有一些跟我当时粉丝体量差不多的视频作者，几千个粉丝的样子，按条件来说，我们是差不多的，应该可以正常对话。我聊的内容都很友好，单纯是"学术"交流，聊聊关于怎么把视频做得更好之类的。但我发现，他们好像都有一点不驯、不想搭理你的那种感觉。你跟他聊三句，他回你两个字。这也是很多人都遇到过的社交窘境，热脸贴了冷屁股。

那个时候我就感觉融不进这个圈子里，说白了，虽然大家都是干着一样的事儿，但是真正愿意搭理你的人不多。

03

好在情况没有一直那么糟。在那段时间,我收获了一段和"大神"的友谊。

在我们的视频创作者群里面,既有我这种小 UP 主,也有那种十几万粉丝、播放量每期大几万的。在当时的我眼中,那就是大神了。抱着试一试的心态,在群里加了一位专门做射击游戏解说的 UP 主。

抱着紧张又激动的心情,我决定跟大神打个招呼。我告诉自己,试一下又不会怎样,梦想还是要有的,万一要是实现了呢?

我依稀还记得,我说:"哥!你好,我也是做视频的,俺叫中国 BOY。"

就是打个招呼,没想过会有什么别的事情发生。但是让我特别震惊的一点,他很热情。

他回应了我,然后问我:"你有时间吗?"我说:"我有时间。"

当时是个周末,我还是一个初二学生。他一个 QQ 电话就给我打过来了,特别认真地帮我分析了一下,我现在做的这些视频有什么能够提升的地方,可以去找谁帮忙,又给我介绍优酷体系的小编是谁,应该去认识哪些人。他还就我的视频内容方面提了

建议，比如让我加强普通话的练习，还推荐了一些当时很好用的剪辑软件……可以说是一堂十分真挚且有意义的职业规划课。

现在回想起来，当时的他，拥有那么多粉丝，却还愿意跨几个等级，跟我这样的新人交流，真的非常优秀。

我也学习到了他这样的精神，现在也有很多新人 UP 主，通过朋友介绍，或者线下的方式找到我，我也很乐意跟大家交流。虽然我自己曾被泼过冷水，但我不想去做泼别人冷水的人。

只有心态开放、乐于助人，好友圈才会比较健康，结识到朋友的机会才能更多。

▼ 主动社交？

▼ 如何完成一次

游戏复盘

如何完成一次主动社交？

结合上一个小节，主动社交的第一步是降低预期——即不要先想着会有任何回报。

在这个前提下踏出交友第一步，既可以是打招呼，也可以是就事论事地直入主题。

在低预期的状态下，无论什么结果，在你的内心都已经有过演练了，不会对你造成太大伤害。而当事态的发展超越最低预期时，你的内心便会充满能量，充满光。

当顺利"接头"后，第二步就是对话了。

对话会需要一些话题。在某个领域，你要有自己的理解和看法，在观点碰撞的时候，他人就能感受到你的闪光点。如果没有观点输出，还有一个简单的方法——分享生活的有趣见闻。在这个过程中，你可能会找到跟自己兴趣爱好或者三观比较契合的朋友。

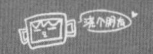

聊的次数多了之后,你们会进入到下一步——组局参加活动,或者从线上聊天变成线下见面。

如果是组局,比如说玩密室、玩桌游、打羽毛球等等,谈话只会占到 20%,更多的是活动本身。态度上肯定要积极参与,但也不用刻意伪装自己对这些东西很感兴趣。不然的话,对方可能会产生误解,没准儿后续聚会都会跟这些东西相关。循环往复,你会更加排斥这样的社交活动。所以,从开始就做自己好了。

真正的好朋友,也不会强迫你去做自己不喜欢的事。

如果是线上变成线下,那就属于社交大考了。

网络上塑造的形象,马上就要展示在现实生活中。还是记住那句话——不要有太多的期待。

到线下之后,不要刻意伪装。在网上怎么聊的,现实生活中,同样可以进行复刻。在线上分享视频,那线下可以变成大家一起看好玩的新闻。

当然，主动社交还有许多可以实操的练习方法：比如利用网络平台。

玩游戏的朋友，可以去游戏超话或者游戏大厅，找人带你玩游戏，或者找人带你上分。这个过程，就是一次很好的社交练习。

在玩游戏的时候，跟陌生人聊天，不用有那么多的心理压力。本来大家谁也不认识谁，都不是抱着交友的目的来的，就是为了打游戏有个搭子。你可以大胆练习自己的开口策略，怎么跟他们产生共同话题、怎么保持愉快的沟通氛围？

有主动社交就有被动社交，谈到改善被动社交这个话题，可能首先是增强信心。

增强信心可以分成两点，第一是主观上，得对自己有信心；第二是客观上，得找到自己的领域，变成"自发光体"。

当你有了这种属性之后，你的社交就会变得轻松很多，谁不想跟优秀的人交朋友呀？

这时，你的社交构成可能会变成主动社交 80%，被动社交 20%，你的交友选择会更多，你的人生经历会更丰富。

最后,做一个简单的总结,除了降低期待法则外:

1. 发光体法则:成为某个领域的发光体。

都说人往高处走,水往低处流,人类的天性里就有慕强因子,会天生想要接近比自己"强大"的人。

2. 分享法则:和别人分享你的有趣生活。

生活类话题是门槛最低的社交话题。

来个朋友

萌新疑问

NO. 03

NOTE

到底什么才是好关系呀

请完成第二个主线任务

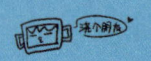

找到一个真正的好朋友

有人不想找到好朋友吗?

没有!
但是,

好朋友没那么容易找到。

上学的时候，我遇到过一个网友。他在海外留学，我真羡慕他啊！听说他去过很多地方，包括神秘的非洲。

后来，我们在线下见面了。话题转到了非洲，可是这个海外的朋友，完全接不上话。就像是从没有去过非洲的样子。

我感觉很不对劲，直接去问他了。他说，哎呀，那时候年轻，在互联网上交友，想要保护一下自己，所以编了一点儿虚假信息。

我回去后，越想越觉得不太对。

我们已经从互联网上的朋友在向现实朋友转变了。突然得知我之前对这个朋友的了解不真实，这个人却从没想过主动告诉我实情。作为朋友一方的我，感觉受到了欺骗。

其实，他给个理由，我是能接受的，但他从来没有主动提过。

我想，好朋友之间，至少不应该有欺瞒。

真诚是通往友谊的车票

02

还是在互联网上，我遇到了另一个网友。

他在澳大利亚，我在贵州贵阳。

他跟我一样，很喜欢 Steam[1] 上面的那种独立游戏[2]，也做视频，还做得很厉害。2012 年，国内知道 Steam 这个软件的人还非常少。

我坚信，只要咱们兴趣相同，当然就可以成为好朋友。更何况，我们都是做视频的。通过邮件，加了 QQ，我联系上了这个在澳大利亚上学的少年，暂以留学哥代称他。

知道他在澳大利亚，我很爱问他那边的生活。他也常跟我分享他放学之后打工的经历，比如打工的地方有很多大老鼠，他工作之余还要负责打老鼠的搞笑事。

那时候，我们几乎每天都在分享游戏，分享各自的生活。

突然有一天，他问我："你多大？"

"我十三。"

"啊？你这么小吗？完全看不出来！！"

1.Steam，是 Valve 公司推出的电子游戏数字发行平台，最初于 2003 年首次发布时是作为提供自动更新功能的客户端，后发展成为第三方游戏发行商的发行平台，并成为全球最大的综合性数字发行平台之一。玩家可以在该平台购买、下载、讨论、上传和分享游戏和软件。
2.独立游戏，是相对于商业游戏制作而存在的另一种游戏制作方式。

×××
你多大？
BOY
我十三。
×××
啊？你这么小吗？
完全看不出来！！

DBQ，我还小！orz

我那时候正是换声期，听着比这会儿还要有年纪感，从声音挺不好判断我的年龄。当时的留学哥估计没想到，网线这边跟他聊得愉快的朋友，还是个小屁孩儿。

03

如果,你在二十二三岁的年纪,发现在网上交的朋友是个十三四岁的小屁孩,会是什么心态?

大部分人肯定会觉得,什么情况?这怎么玩得到一起啊?

但留学哥没有,虽然我们相差八岁,他却给了我比谁都多的肯定。等我到了二十二三岁这个年纪时,换位思考了一下,我是做不到整天跟一个十几岁的小屁孩玩在一起的。

所以,留学哥为人真的很好。自那之后,我们仍然一直一起玩游戏、做视频、聊工作,也聊生活。

那时,我会看一些 YouTube[1] 上的视频,发现我们这类型的博主,大家都开摄像头。我想,我为啥不尝试开摄像头呢?

留学哥作为好朋友,对我这种想法很鼓励。他说:"有这样的想法,很棒,应该多多尝试。"然后我就去试了。

---

1. YouTube,是一个视频网站,用户可下载、观看及分享影片或短片。早期公司位于美国加利福尼亚州的圣布鲁诺。

事情没有想象中顺利,

因为那时候大家会攻击你的外貌、长相。

在视频关注度这方面,也并没有很大改观。

但从后来看,

我成了国内比较早一批露脸做视频的博主,

确实走在了很多人前面。

「那些杀不死我的,终将使我更加强大。」

04

转眼，我从初中到了高中，而留学哥给予我的鼓励变得更多了。

聊天的时候他跟我说："王瀚哲，你的极限肯定不在这儿，长大之后，你肯定能做得比现在更好，会比现在呈几何倍的飞跃。"我那时听了，打心底开心。也是在他的鼓励之下，除了游戏视频，我还尝试拍了一些其他类型的视频。

我有一个比我大五六岁的表姐，我们沟通起来并没有太多障碍。

EMM

我很小的时候，跟我表姐说了我在做视频，表姐也来看了。

但是，表姐对我的评价是：

"王瀚哲你在浪费时间！你应该花更多的精力在学习上。"

05

高中时期,我和留学哥加上另外七个小伙伴,一起组了团。

大家要么是大学毕业了,要么是工作很多年了。我是我们团里唯一一个未成年人,但伙伴们没有把我当作一个小孩儿来看待。总会给我分享一些未来或者在这个阶段用得上的方法论。

我记忆很深刻,高二的时候,我下定决心,想着这个高三我不念了,浪费我的时间!我要去上海,我要去做视频!

跟我的家人沟通这个事情,家人持比较开放的态度。我把这个想法也告诉了我们团的伙伴们,其中留学哥和一个新手奶爸对我这个事情表现得最为慎重,语重心长地跟我聊了一个晚上。

那时，我在贵阳家里对着电脑，

他们一个在澳大利亚的家里，一个在大连的家里。

三个年纪呈阶梯状的、

处于不同人生阶段的男人们，

聊了好多好多，最后我们全都聊哭了。

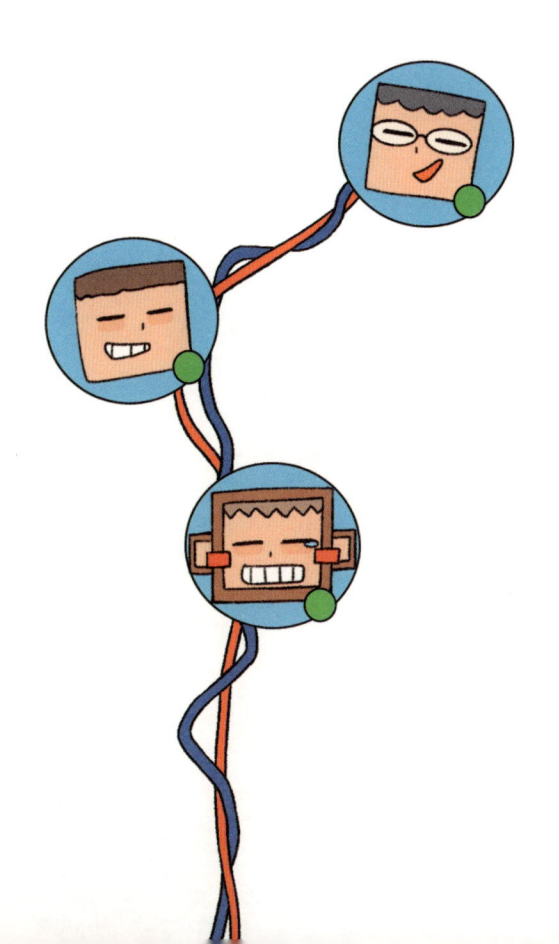

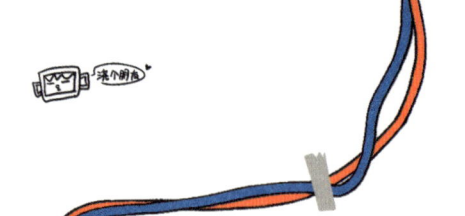

他俩没有否定我想做视频的心,但是希望我把高三念完。念完高三,至少拿到一个文凭,对得起父母也对得起学校的老师。他们完全在设身处地为我着想,才能把这个事聊到那么深、那么远。

跟他们说我不想上学的想法之前,我以为他们会对我说,兄弟你太酷了,我们支持你,但他们没有。他们是那么了解我的朋友,给我发出了这样由衷的提醒。他们的话,我听进去了。之后,我坚持把高三读完了。

有句话说,斯人若彩虹,遇见方知有。遇上对的朋友、对的关系,人会有很浓烈的情感体验,会有一种被照亮的感受。

06

在我心里，我和我们团的朋友，是黄金一样的关系。

有一次直播，我不小心把团里朋友的真名，用开玩笑的方式给说漏了。我的朋友很好，当时没有生气。但那会儿，真实姓名被曝出来，还是很让人在意的一件事。

我察觉到，这个朋友整体不如之前活跃了。工作结束之后，我主动就这件事给他道歉。那会儿确实年纪小，想得不周到，不是有意说出去的。朋友接受了我的道歉，这件事也没有影响我们之间的关系。

有错误就去主动承认，没有什么大不了的。摩擦在某种意义上，也是一种拉近关系的方式。不能指望你的好朋友，真的会把这个事情给忘了。事后的道歉，处理不好的话，黄金关系有可能变成黄铜关系。

游戏复盘

▼ 怎样维持好的朋友关系？

怎样维持好的朋友关系？

好的朋友关系，彼此之间互为土壤，能在这段关系中，体验到滋养感。在这样的关系里，我们就像是小种子、小树苗，有一种成长感。

人生中，找到至真至纯、共同成长的朋友，是很有必要的。

好关系要做到两点：

☺ 1. 坦诚法则：不要做虚假包装。

不要为了获得认同，做虚假包装，避免个人信用的崩塌。

不要对自己的弱点进行伪装，坦然接受，适当暴露。

因为，每个人都不完美，有不足很正常。

真诚，才是必杀技。

☺ 2. 道歉法则：要敢于认错，及时道歉。

冒犯或者冲突一旦发生，绝不会自行消退，不埋雷的做法就是及时消除。

该认的错，要及时认下，才有意义。

萌新定位

NO. 04

NOTE

搞不明白自己,怎么可能搞明白别人

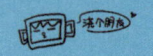

请完成第三个主线任务
找到自己的人生目标

人生目标这件事，我很早就在想了！

小的时候，因为我个子很高，家长给我报了武术特长班。也因为个子高，同班的同学也会鼓励我多参加一些体育活动。

但在这个过程中，我发现，跟身体机能方面有关的事情，我真的很不擅长。不管是我的学习成本、学习时间以及整个多巴胺的分泌，都让我感受不到快乐。

那个时候，我的内心就知道，我一定得找到自己擅长的事情才可以。

1. ~~运动~~
2. ×××
3. ××
4. ××××

02

在搞明白自己的这个过程中，我也经历了试错。

上学的时候，我发现周围同学都开始看小说，看得非常起劲。

我也想融入他们，所以尝试去读过当时特别火的那几本小说，但是我一个字也读不进去。

这种大量的文字阅读，对于我来说是一件非常困难的事情。相反地，我更喜欢那种有画面的漫画或者动画。

当时，我尝试过自己画四格漫画，虽然现在找不到那些手稿了，但那个过程真的是很开心。

03

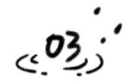

我的一个观点是，不是每个人都擅长语数化的。有其他兴趣爱好，不妨加强培养。

我是在初中的时候，就确定以后一定要做视频。

最开始，我想了两个方向，一个是画画，一个是做视频。

我从小就喜欢画画，那个时候也没有去报美术班，就买那种教画画的书，自己学。

老师看到了我的画，让我去参加画画比赛。那个时候我就觉得，我在这个方面应该是有一点天赋的。

那时，做视频没有收入，只能算一个爱好。我当时想，未来的工作方向，可能就是去从事动画相关的职业。所以，那时接触的人，都是跟动画相关的。

人先要有一个极力想达到的目标，才会去主动接触这方面的资源。比如，我会在贴吧、微博、QQ 群等去找有相似爱好的人聊天，第一批朋友感觉都是在这些平台里找到的。如果一直不知道自己要做什么，我也不会主动扩大自己的社交圈。

后来，事实证明，两个方向里面，做视频更适合我。

画画光靠天赋是真的不行，还要投入大量的时间学习、练习。那时，我的时间都用来做视频了。所以，画画就只定格成了当时的一个想法。当时的考量是，如果做视频没有起色，高中毕业之后，就来上海这边的一个美术学院学习，提升自己。

幸运的是，视频这条路子目前来说是走通了。

游戏复盘

▼ 怎样找到
▼ 人生目标?

怎样找到人生目标?

很多人会对自己的未来方向感到迷茫和不确定。

这是很正常的,但,不能止步于此。

人得找到自己想干的事情,才会有正确的前进方向和强大的奋斗动力,人际关系也会朝这个方向发展。

我的建议:

☺ 1. 尝试法则:不断接受新鲜事物。

认清自己的过程,就是不断尝试的过程。

只有亲身体验过,才知道自己的短板与长板。

☺ 2. 快乐法则:找到能让自己快乐的事情。

如果你干某件事情感受到非常快乐,那你肯定是喜欢这个事情的。

比如说做视频,做这个事,我是开心的,

同时,我也收获了来自他人的肯定。

这种认同感给我带来了正向反馈,使我产生了持续的快乐。

这证明我是擅长做这件事的,那就要坚持。

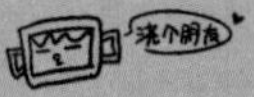

新手攻略

NO. 05

NOTE

再见吧,
"紧张怪"

请打倒新手村BOSS

初次见面【紧张怪】

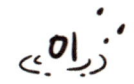

如果你是一个严重社恐的人，平时都不敢出门，现在准备参加某个社交活动，或者想要主动跟第一次见面的朋友打招呼，那请给自己鼓个掌，你已经跨过了内心的第一个障碍。

作为一个社恐，开始肯定是很紧张的，你可以向大家介绍，你是社恐，真正的社恐。

像我之前说的，大家都爱说自己是社恐，那么强调一下自己是真正的社恐，可以降低别人对你的期待值。

然后，做好聆听者的角色。

在社交场合，你会从周围人身上学到很多闪光点，比如怎么做自我介绍；也会学到许多社交话题，比如，怎么聊兴趣爱好、怎么谈起擅长的专业领域，等等。

当然，你要学会为自己准备社交话题，并且一定要坦诚。

比如玩游戏，没玩过就是没玩过，玩得菜就是玩得菜，像我们之前总结的，不要做虚假包装。

因为，你不知道对方的情况，没准对方就是一个游戏大神。如果你真的是一个重度的游戏爱好者，但玩得又不是很好，坦然示弱并不是坏事。大神们可能会约着你一起打游戏，想着帮帮你，慢慢地，关系也就熟络起来了。

02

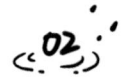

少说多听是第一个阶段,第二个阶段则是见机行事。

当参加的社交场合越来越多,你已经不是一个社交新手了。你要进阶,你的段位要上升,你不是青铜,你可能要变成白银了。再遇到初次见面的情况,除了多聆听,还要开始学会分享。

分享是有一些小技巧的。

每个人的生活当中,肯定都会有一些趣事,要学会把它们记录下来。

比如,今天出去吃饭遇到了一个服务员,他与你发生了一些有趣的互动,或者说不一定是有趣的事情,而是这个服务员刁难你,再或者是买单的时候这个服务员态度不好。只要你觉得这件事情对你的心情产生了影响,你就尝试把它记录下来,回到家之后跟家人分享。

为什么要做"分享"这件事情呢?

因为这是一种最简单的社交练习。

你可以把这个故事简短地分享给你的家人,或者长篇大论、碎嘴式地分享给你的家人,看一下他们是什么样的反应。

分享的过程,帮你强化了这段记忆,也锻炼了你的表达能力。毕竟很多新手最大的问题无非是两种,要么是表达总拎不清重点,长篇大论地说一堆废话，要么是表达过于简短。

分享完毕后，观察家人的反应，甚至可以直接邀请家人给你一些建议。

当然，你不要提前说："我要分享一个故事，听完给我一点意见。"那种情况的话，家人一开始就是带着审判的心态去听你的故事，感受肯定是不一样的。

在完成第一次练习后，你就可以把这段故事，运用到下一次的社交当中了。

其实，见朋友就是在聊天，分享故事，分享见解，分享观点，分享你所见到的生活当中一切的美好，或者不美好的事情。当你有了在家里面的练习之后，那在陌生人面前就会得心应手很多。

03

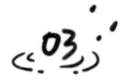

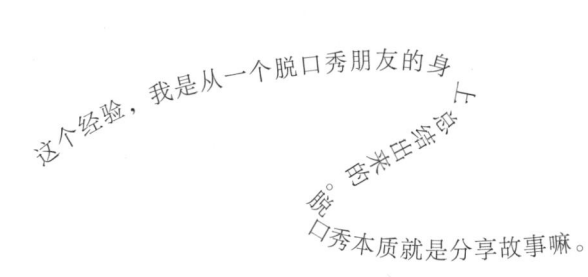

这个经验，我是从一个脱口秀朋友的身上学到的。脱口秀本质就是分享故事嘛。

有一次，我们几个朋友在外面聊天。脱口秀朋友跟我们分享了他的一则趣事，大概讲了3-5分钟。那个时候所有人都在认真聆听，因为比较搞笑。

后来，我去线下看他的脱口秀开放麦。我坐在台下的观众席上，听到了和那天聊天时一模一样的故事。那个时候，我就意识到，他是通过周围的朋友在进行练习，看会得到什么样的反馈。

平时交朋友的时候，你可能会从朋友那里听到很多有意思的故事。为什么这个故事他能讲得那么好，讲得那么生动？为什么所有人都能听得进去？这都是有原因的。

他肯定不是一次，甚至两次三次公开分享这个故事了。

每一次社交，都是一次练习的开始。

坏的是想否定有紧张感的自己。

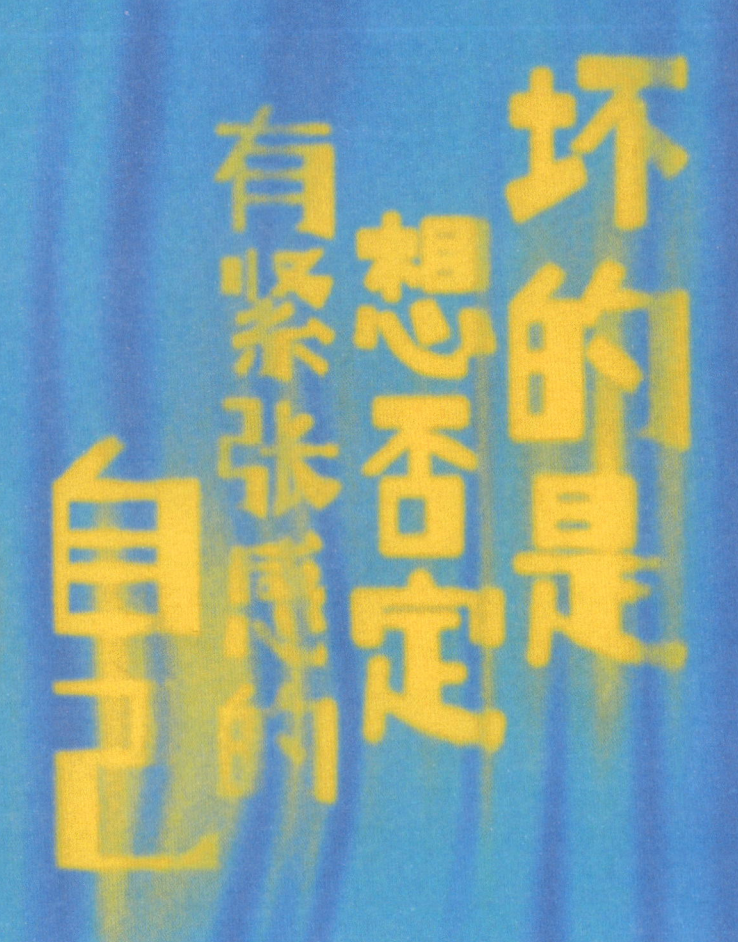

有紧张感
不是
坏事，

有紧张感
不是坏事，
坏的是
想否定
有紧张感的
自己。

▼ 初次见面应该怎么做？

游戏复盘

初次见面应该怎么做？

前面的四个小节，已经涵盖了初次见面怎么做的具体法则。

如果再补充几点的话，那就是：

☺ 1. 聆听法则：倾听、学习、理解他人。

在沟通中，人们花在倾听上的时间大约占到一半。

通过聆听，学习他人的优点，共情理解他人的故事。

☺ 2. 素材法则：准备聊天素材并反复练习。

良好的表达，离不开有意识地收集谈话的素材，

也离不开一次次地反复练习。

最后，我想跟正在努力突破心理障碍、尝试社交第一步的朋友们说，交朋友这件事情，肯定是孤身奋战的。

但，你们已经勇敢地踏出了第一步，请给自己一朵大大的红花！

第二章 新地图

贵阳→上海

NO. 01 叠 buff[1]
如果不是遇见你

NO. 02
团战
人在团队里更能找到自己

NO. 03
换手
离场的姿势必须帅

NO. 04
卡 bug[2]
趴在坑里的时候该哭就哭

NO. 05
初阶攻略
"金舌头"的修炼

---

1. 叠 buff，在游戏术语中，Buff 是一种增益效果，可以增加角色的力量或对敌人造成更大的伤害。叠 buff 就是触发多个增益效果，使一个角色在游戏中获得了多个加成效果。
2. 卡 bug，在游戏术语中，指专挑游戏系统漏洞，并利用它做一些让游戏不平衡的行为。

叠buff

NO. 01

NOTE

如果不是遇见你

请前往新地图

上海

刚到上海的我，
处在一个被动社交，
甚至是零社交的状态。
到上海的第一个星期，
我是借住在朋友家的。
随后，
我开始找房子。
那时是 2016 年，
上海品质稍好一点的房子，月租金也要五六千块钱。
对当时的我来说，这个价格过高了。
我就想不如跟朋友合租，节省一些成本。

—— 合租 ——

于是，我找到一个在上海做 UP 主的朋友，他刚好想要从家里搬出来住，我俩一拍即合。

在接近外环的位置，我们租了一个两居室，70 多平方米，五千多块钱一个月。

我的房间非常小，一米乘两米的单人床，旁边放了一张一米八的大桌子。每天早上，我从小床上面起来，迈步到桌子前，开始进入工作状态。

虽然房间小，但我是开心的，毕竟我分摊的房租也稍微少一点。

02

那个时候,除非是朋友喊我,或者是我有拍视频的需要,否则我是不会出门的。

因为住得偏僻,每次出行的车费,都要花上七八十块。有时,为了省钱会坐地铁,但地铁站离我们住的地方有三公里,我尝试过走路过去,花了四十分钟!

庆幸的是,不久后,共享单车出现了。出门的不便有所缓解,但依旧改变不了现状。

按现在的话来说,我当时就是处在精神内耗中。

想来也合理,我当时的工作并不稳定,虽说不会第二天就没了收入,但确实会担忧下个月或者明年没有了收入怎么办?而对抗这种担忧的唯一办法,就是不停工作。

我不断地 push(推)自己,让自己脑子里只有工作。白天找游戏、录视频、剪视频,晚上直播。

03

这种模式持续了很久,而结束的契机,来自一个合作伙伴的饭局邀约。

其实,我跟这位伙伴合作了蛮多次,但并没见过几次面。他当时约了一个饭局,邀约了一位做游戏发行工作的北京朋友,还有几位其他的 UP 主朋友。

我当时的想法就是,去见一见朋友们,顺便蹭个饭!于是就赴约了。

那个时候,我涉及的领域有限,能聊的话题不算太多。好在一直做游戏内容,刚好现场有一个做游戏发行的朋友,我便聊起了对于独立游戏的一些见解。

我提到了国外的独立游戏，它们很丰富，但质量参差不齐；我又聊到了国产游戏，有一些是比较好的，可惜这类游戏数量不多。这些观点，基本上都是从一个玩家，或者说第三方的视角来谈的。

而那位北京朋友呢，他接触过很多海外的独立游戏开发者，讲述了他们的精神面貌、工作状态。我了解到，他们大多是大学生，或是来自大学社团，很多人都是从自家车库开始创业的。

这些偏向幕后的消息和研发者视角，让本来就对独立游戏开发充满好奇的我异常欣喜。

这个机会其实很难得，因为 UP 主们私下聊天，话题基本是关于视频的数据——多少播放量、最近涨了多少粉丝，或者有没有接到广告。在那种语境里，我能聊的往往也就是这些。

这么多年来，终于有了 UP 主之外的人和我聊游戏话题，而且他还是一位从业者。

他当时的工作便是独立游戏发行，包括海外发行。他可以把一些优秀的国内游戏拿到海外去发行，也可以把一些海外游戏，拿回中国来发行。

这在当时的我看来,

是一件很了不起的事,

让我挺佩服他的。

因为发行独立游戏,其实赚不到什么钱,

他完全是凭着喜好来做这件事的。

04

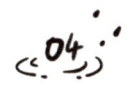

饭局之后,我开始反思自己的社交状态。

如果没有这一次出门,那我就会错过这么一个能跟我聊得来、在方方面面都有共同话题的好朋友。

所以从那一刻,我下定了决心,如果有接触陌生人的机会,那就一定要去试试看。

其实不论是做什么工作,你很厉害也好,你是个普通人也好,大家一开始接触到的朋友都是平等的。因为什么样的人接触什么样的圈子,你能接触到他,其实就说明你可以和他交朋友。多一些这样的接触,也可以帮助你去判断——这些社交场合的质量是什么样的。

从此以后,我不仅在地理意义上点亮了一块新地图,也开始点亮我社交圈上的新地图。

这就是我来到上海以后,除了 UP 主以外,遇见第一个新朋友的故事。

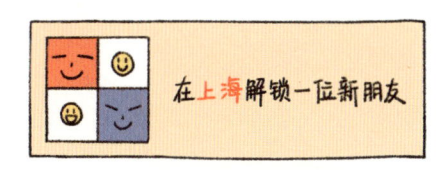

在上海解锁一位新朋友

▼ 社交的意义

▼ 是什么？

游戏复盘

社交的意义是什么？

对我而言，社交最初的意义，便是能多一位聊得来的新朋友。但社交的意义会不断变化，而且对每个人来说也不尽相同。

因此，社交的意义并不是唯一的。重要的是，要在社交中，发现那些能让自己变得更好的"点"。

正如我们的副标题——如果不是遇见你。"你"，不单单指那位我相见恨晚的北京朋友，也不只是那位组了局的合作伙伴，而是不同的朋友，让我在寻得社交意义时，感受到了"交朋友"的快乐。

如果你想在社交中感受快乐，寻得社交的意义，我建议：

☺ 1. 意义法则：去寻找社交里的正面意义。

找到社交中对你有意义的点，你才会愿意去更多地社交。

并非每段社交都有意义，但更多社交总会带来更多意义，

这是一个良性循环。

☺ 2. 机会法则：不要错过社交良机。

如果你想拥有更健康的社交，去认识更多新朋友吧。

更多的接触，也会让你学会判断社交场合的质量。

☺ 3. 圈层法则：相遇即同层。

你能接触到的人，都有可能成为你的朋友。

不要觉得自己低人一头，或是高人一等。

你既然能接触到这个圈层，就代表这里的人可以成为你的好朋友。

团战

NO. 02

NOTE

人在团队里更能找到自己

角色

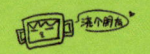

请完成上海篇第一个主线任务

在团队中找到自己的位置

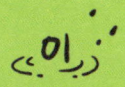

我们常提到一个概念,情绪价值。

如果你和一个人相处很快乐,那你会说,这个人给了你情绪价值。然而,很多时候,我们对于自己能给别人提供什么情绪价值,并没有清晰的认知。

那么,我是怎么认知自己的呢?

在我很小的时候,"情绪价值"这个词还没有出现。但那时,我已经意识到了,自己能让大家开心一点。可能是我说话的时候比较幽默,能够让聊天氛围比较轻松。

后来,我自己总结出"情绪工人"这个概念,即能够给他人提供情绪价值的人。

02

那么，如何判断你是一个"好工人"还是"苦工人"呢？

其实判断标准，

并不是看你能否

给别人带来情绪价值，

而是

你在给别人提供情绪价值的时候，

你是否感到快乐。

如果答案为"是"，那你便是"天选打工人"！

你让别人快乐的同时，自己也乐在其中。对于这类人，我觉得你们完全没必要太过担心，打磨一下给出情绪价值的技巧就好。

但还有一部分人，在给别人提供情绪价值之后会非常疲惫，或者说天生就不喜欢做这类事情。那你就是天生不爱"打工"，你在"打工"的过程中是有负担的，这其实很正常。

你可以少做一些情绪工人的工作，但也不能就此罢工。

如果是你的工作需求，或者说你想认识一个很厉害的人，你就一定要调整一下自己的心态。你要想明白，你今天不是来社交的，你是有任务在的，你要拿出一百二十分的精力，来做好情绪工人这件事。

特殊场合和日常社交，还是有些不一样的，你的定位要灵活变通一些。

03

那么，与情绪工人相对的角色呢？

当情绪工人升级了，成为这个社交情景里的主角时，

这个角色，我称之为"情绪包工头"。

此时，在场的所有人，是要给你提供情绪价值的，他们会来赞同或者共情你。这当然不是说，让你去追求营造一个被大家服务的环境，那有点太霸道了。而是说，总会有些场合，你会成为大家关注的焦点，你会掌握大家的聊天节奏。

04

如果说,情绪包工头和情绪工人,两个你都当不了,就没有第三种选择了吗?有的。

你可以当一个"情绪实习生"。

当你选择了情绪实习生的模式,你首先要学会闭嘴。

现在的我，已经可以在情绪工人和情绪包工头间自如切换，但我也有过需要闭嘴的经历。

之前，我参加过一个公司的闭门会[1]，会议人数不多，但都是一些很重要的角色。

说实话，在那个会议上，我是很紧张的，周围的人都比我厉害。这种情况下，如果有别人找我社交，基本属于向下兼容了。

我当时做的一件事，就是闭嘴。我认为，在自己未知的领域中，闭嘴，是保护自己的一种方式。

虽然那个会议的走向对我有很大影响，但我知道，当时的我年纪太小了，提出来的观点可能比较片面，甚至是无知。

一旦我提出了主观的想法，或者建议，那就会深入讨论。我很清楚，一旦深入讨论，我肯定讲不出更多内容。也可能不需要深入讨论，有一些大佬会直接给我解答，这同样会让我显得像小丑。我的这些小心思，也属于对自己有较高期待，是内耗的一种。

当然，现场并非所有人都选择了沉默。我的一个 UP 主朋友，发表了自己的看法，他替从业者们提出了跟大家切身利益相关的疑问。他说完以后，大家没有说什么，但都在给他鼓掌。

---

1. 闭门会，参与者限定在小范围内部人员，不允许外部人员或者媒体进行观察和报道的一种会议形式。

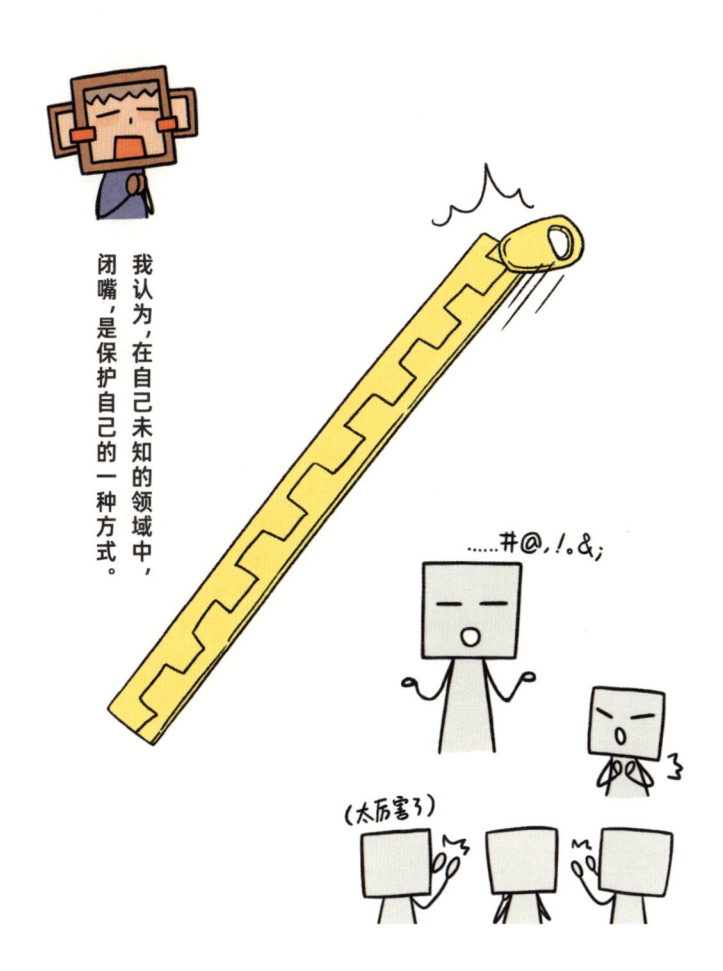

我认为，在自己未知的领域中，闭嘴，是保护自己的一种方式。

……#@,!.&;

(太厉害了)

05

我当时作为一个情绪实习生,也认为这样的声音是有必要存在的。

我开始反思,我的视角是不是不够全面?我只想到了自己,而我的这位朋友,他能想到其他人的发展,说出了大家的心声,给了在场所有 UP 主情绪价值,这大概算是情绪劳模了吧。

这就是我在当情绪实习生时,关于如何保护自己的思考,也很幸运地学到了他人的思考角度,让自己有了成长。

在工作这类比较严肃的社交场合里,如果你没有一个很自信的观点时,可以先退一步,不要让自己露怯。但如果有机会,能够为自己所在的团体发声,希望你也不要胆怯,这甚至比你在平常社交中给出的情绪价值更加重要。

除却这样严肃的场合,我在生活社交中,也有过当实习生的经历,只不过后面我也找到展现的机会,还成就了我的一个高光时刻。

高光时刻

Come on, my highlight!

06

事情发生在几年前，一场 GQ 晚宴[1]。

那时的我，在社交领域也称得上是如鱼得水，但 GQ 的晚宴现场人非常多，可能有几百号人，我只认识一两个熟人，对我来讲，那是一个完全陌生的环境。

晚宴场地是一个非常大的 club，分为上下两层。上层有嘉宾轮番表演，其他嘉宾就在下面聊天。

一开始，我身边并没有熟人，甚至不知道会不会遇到熟人。进去之后，抱着会遇到熟人的期待，我到处逛、到处观察，终于找到了一两个说脱口秀的朋友。他们周围已经有几位时尚圈的朋友，还有几位小明星，应该都不认识我。

我想加入这个小团体，就过去进行了简单的自我介绍。他们当时正在聊天，内容我记不清了，只记得都是一些我不了解的话题。于是我就进入了情绪实习生的模式，开始倾听。

就在我以为整晚都会是实习生模式的时候，有新的嘉宾登台表演了。我认出那是来自成都的说唱歌手 T 老师和李老师。

当时，T 老师刚刚参加过某视频平台的说唱节目，我作为视

---

1. GQ 晚宴，指由时尚杂志 GQ 主办的一项高端社交活动。

频平台的 UP 主，还去观看了半决赛的舞台，看到了很多现场有趣的故事。我就把这个情况讲给大家听，还顺带再介绍了一下自己的职业，强化大家对我的印象。

最后我提到，很可惜当时没能认识 T 老师。
接着这里面就有人给了我一个挑战，
说这次又有机会，你不如去认识一下 T 老师吧。
我当时心里想的是，好，机会来了！

接下来就是见证奇迹的时刻！

07

于是等表演结束,演出的嘉宾们到卡座休息,我就走了过去。卡座附近围满了人,都是 GQ 邀请过来的各路明星,我就在那满满一桌子人的面前,跟 T 老师打了个招呼。

简单讲了一些渊源后,我提到自己也开始接触音乐领域了,当时正好对说唱很感兴趣,就请教了很多创作的问题。他的回答很真诚,告诉我要多做、多尝试。他说,他其实有很多歌都还没有发出来,就是因为做完了之后自己不满意。但只要坚持创作,一直尝试,自己一定会有进步。

聊了这些之后,我就说:"哥,我就不打扰你了,能不能加个微信?"

啪,就把微信加了!

加完微信,回到之前的那个小圈子里了,大家都觉得我能这样大方地交到朋友很厉害。

虽然大家都是有头有脸的人物,但还是会有社恐的那种状态。在我展现了社交能力之后,大家都对我有了一个不错的印象。

所以哪怕你是情绪实习生,抓住机会,你也可以进阶成情绪工人。

实习
LEVEL UP ↑
安全第一
工人

08

最后，一个出色的情绪工人或者情绪包工头，是要懂得给他人留舞台的。

有一场饭局，局上的人员组成挺复杂的，有很多明星和他们的工作人员。

饭后，大家要去玩密室逃脱，便聊到了各自对密室的感受。很多人都说，自己在玩恐怖类密室时会很害怕，但可能是大家不算特别熟，话题就一直很难展开。

由于我之前接触过很多密室，这个话题也算是我的主场。我就接过了话题，跟他们说，不要害怕，我在里面可以充当坦克。所谓坦克，就是玩密室时不会感到害怕的人，这类人往往可以走在队伍前面，或者殿后，给会感到害怕的其他人一个心理支撑。

这时大家就会很好奇,感觉我看起来瘦瘦弱弱的,为什么不会感到害怕。

我就跟大家分享,我最早开始玩密室的时候,那是 2016 年,我也和大家一样怕得不行,要走在队伍中间,全程拽着其他人的衣服。后来我做了一个节目,需要以小白的身份去体验各种职业。有一期企划,我的工作就是在密室中扮演吓人的 NPC [1],体验了一次密室里的身份对调。

当时的感觉,就是做 NPC 真的很累、很辛苦。密室里面很黑,什么都看不见,只能凭着记忆走位。在这种情况下,还要戴一个耳机,听监控指挥去到指定位置。这个工作其实非常难,而且还很容易受伤,我当时就被人踢到过。

虽然这份工作如此艰辛,但我也感受到了快乐,我还学会了抽离出玩家的视角。之后再玩密室的时候,我多了一份乐趣,就是观察其他玩家被吓的样子。甚至有时候我会跑过去和 NPC 交流,能不能让我去吓一下我的同伴,但往往会遭到拒绝。

---

1. NPC,这里指密室工作人员,在密室主题中扮演某一类非玩家控制的角色。

把这些讲完之后,大家对于密室的恐慌就消解了很多,整体的气氛也舒缓了下来。然后大家就开始分享——玩过哪些密室,觉得哪个密室很好玩;还分析起觉得今天的密室也不会很差。这个时候,我就不会一直输出,而是退了下来,让大家都说一说自己的感受。

★ 大家轮番来当主角,这样的社交,才会是一个舒服的状态。❤

游戏复盘

▼ 在团队中应该扮演什么「角色」?

在团队中应该扮演什么"角色"?

每个团体中,都有着不同的社交角色。

也许是"情绪工人",即能够给他人提供情绪价值的人。

也许是"情绪包工头",即接受情绪价值,在社交情景当主角的人。

在一个好的社交团体里,每个人的角色,都不会是一成不变的。

每个人都要在不同角色间转化,提供或接收情绪价值。只不过,在当"工人"的过程中,有的人负担少,有的人负担多,但总不能是单方面的付出。

如果你没信心当好一个"情绪工人",那就先当一个"情绪实习生",保护好自己的社交形象,努力学习,争取有一天,你也可以成为主角。

对于有些天选"情绪工人",在适当的时候,也要学会退一步,让其他人能享受当"情绪工人"的快乐。

如果你也想拥有健康的社交团体，我觉得：

😊 1. 平衡法则：每个人都应贡献情绪价值。

一段健康的关系里，不能有人只索取，也不能有人只付出。

想要保持长远的关系，就要让每个人都参与"情绪工人"的工作。

换手

NO. 03

> NOTE
> 离场的姿势必须帅

请完成上海篇第二个主线任务

体面地结束一段社交关系

天下没有不散的筵席

好聚好散 也是我们的理想目标

我的工作性质，决定了我会接触到很多的人。可能有一部分人，我们可以成为很好的朋友，在工作结束之后，还保持私下联系。但也有相当一部分人，在工作的交集结束以后，我们就几乎没有联系了。那么，如何在这种时候，留下一个足够好的印象，让自己离场的姿势也足够潇洒呢？

2018 年，我在 A 平台直播，按照直播的时长，平台等比例发放工资。我赶上有一段时间，对方一直拖着不给我结算工资。

那一年，也正是我最狂放不羁的一年，我认识很多朋友，涉及很多领域，觉得自己不会比任何人差，所以在有些事情的处理上，可能会有些急躁。我就直接找到了对接人，质问他，为什么说好的工资，这么久了，一分钱都没有收到？

对方的几次答复都非常模糊,把这件事一拖再拖。于是,我就找到了平台的高管,语气非常冲地发了好多段文字,说对方非常过分,出尔反尔。

而对方就回应道,当时签的合同里是有明细的,要考虑我直播的有效时长。他说按照这个标准,我当时直播的时长确实是很少,所以双方就僵持住了,这次的讨论也不了了之。

02

在这次激烈的争论以后,双方的关系僵化,谁都不想理谁了。可是之后发生的情况,又让我不得不去恢复联系。

那时,我认识的一个在 A 平台直播的同事,居然偶尔会到 B 平台直播。这按照当时合约的要求,其实是算违约的。但能够用这个模式来直播,肯定是对 UP 主非常有利的。所以我不得不考虑,怎么和之前已经闹掰的 A 平台人员沟通,让他们答应,让我能去 B 平台直播。

在几天的思考之后,我也很难拿出一个有效的办法,于是,我去请教了几位年纪比我大的朋友,觉得他们经历了那么多风风雨雨,肯定更有办法。

他们先和我讲了一个道理：面对陌生人，千万不要把自己多余的情绪宣泄给对方，因为你也不知道，未来你们还会不会有其他接触，就事论事就好。

然后告诉我，我当时因为合同的原因，去和平台争论，我提出我的困惑，他给出他的解答，可能我对于这个解答不满意，但这也是他在他的工作能力范畴里，尽可能对我的帮助了。单纯就事论事的话，其实也不会搞得太不愉快。

我现在明白，因为他的工作，要求他就是要站在公司的立场，说出那样的话。我们要去代入每个人的视角，和他要扮演的角色身份。如果此时你把你的坏情绪，都发泄给对方，那对方也难免会有情绪，关系搞僵，等你有求于对方，事情就很难办了。

03

那个时候，我就对自己情绪的控制力，有了一个比较清晰的认知，也暗暗告诉自己，以后不能再这样了，哪怕是再糟糕的情况，也要控制住自己的情绪，以免影响到后续事态的发展。

想到这里，我决定去给 A 平台的高管打一个电话。之前联系都是靠文字沟通，这次直接打电话，也是希望对方能更好地感受到我的诚意。让我欣慰的是，对方有着不错的职业素养，并没有因为我之前发过火，而不接这个电话。

首先，我为上次的情绪宣泄道了歉。这非常重要，因为换位思考一下，在双方都有过错的情况下，对方能先跟自己道歉，你一定也愿意放下，不会揪着不放。存在纠纷是很正常的，重要的是，能不能有一方，愿意真诚地把矛盾化解开。

去做能左右情绪的人。

别被情绪左右

别被情绪左右,
左右,
去做
能左右
情绪的人。

在真诚地道歉之后,
我说了现在的诉求,
就是每周在 B 平台直播一次,
其余的时间,
就继续在 A 平台直播。
他很爽快地答复说"好的",
他知道了我的诉求,
很快就去和他的上司反馈了。
很顺利地,
两周之后,
我也可以同时在 B 平台直播了。

04

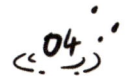

当时的 A 平台一直在走下坡路，A 平台直播业务的负责人被挖到了 B 平台。

原本，我和 A 平台的合同签到了 2022 年。可能是我和那位高管的沟通起了作用，让这位负责人对我有了不错的印象，所以我也得到了一个机会，把自己的合同直接转到了 B 平台，并没有算作违约。大家经常会看到，某某主播转平台需要赔很多违约金，这个情况就没有发生在我身上。

现在回想，如果我没有去思考如何处理跟平台之间的关系，那后果不堪设想。

我可能不会遇到人来帮我，会在 A 平台继续直播，直到平台倒闭。而现在，我不仅潇洒地离场了，还去到了我更熟悉的主场，这都源于我当时的处理，也离不开后续各位朋友的帮助。

游戏复盘

▼ 如何体面结束一段社交关系?

/ 121 /

如何体面结束一段社交关系？

好聚好散，再聚不难。

一生中我们会与很多人相遇，也会和很多人告别。

我们在告别时，留下的最后印象，也许就会是对方对你的全部印象。

所以，离场的姿势必须帅。

哪怕是只有一面之缘的朋友，在有矛盾的时候，也不要把对方当作情绪的发泄口，要多代入对方的视角思考。当难免产生摩擦时，也争取不要让双方的交流停在这段摩擦上。

总之，想要"姿势帅"，就要学会体面地离场。

☺ ☺ ☺

如果你想体面地结束一段社交关系,我觉得:

☺ 1. 情绪控制法则:难的是好好说话。

无论何时,都要有话好好说,而不是被情绪左右。

要明白,每个人都有他要扮演的角色,

想清楚这一点,多换位思考,就事论事,很简单。

☺ 2. 背影法则:最后的印象很重要。

争取让自己和每个人的最后交流,都停在一个愉快的瞬间,

留下一个潇洒的背影。

这样,以后大家对你的印象,也都会是一个不错的印象。

混个眼熟

卡 bug

NO. 04

NOTE

趴在坑里的时候
该哭就哭

请完成上海篇第三个主线任务

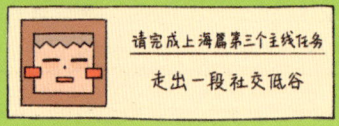

走出一段社交低谷

我好像没有社交低谷，可能有两次，我发出的声音没有得到回响，让我感受到了一点点失落。

之前，我有一个视频企划，是关于做游戏的，就是讲我想自己做一款 Steam 游戏。

提出企划的时候，我是很开心的，因为我一直有做游戏的梦想。下一步，就是寻求合作伙伴了。

我认识很多做独立游戏，或者在大厂工作的朋友，那个时候我去寻求了他们的帮助。有一些人会说，不好意思有点忙，或者这个项目不太合适；有一些人，就是事事无回响的状态。

这个时候，我就会陷入一种低落的情绪里，觉得世界站在了我的对立面，想做一件事情，怎么这么困难！

世界站在了我的对立面……

想做一件事情，怎么这么困难！

我是一个游戏博主,我寻找的合作伙伴大多数是游戏从业者。按理来说,合作做一款游戏是挺好的一个机会,是对双方都有帮助的事,怎么就没有人 get 到呢?难道是博主在这个圈子里,根本不被看重吗?之前一起吃饭的时候,说好的有事一定帮忙呢?

02

但是，这种情绪没有打倒我，我在内心深处，还是坚信自己能找到合作伙伴。不久后，我就找到了国内的一家游戏公司。

中间这个联系人，之前是通过一个独立游戏的群加的微信。除了工作，我从来没跟对方聊过天。

这次，我直接上来就说事儿——我想做某某类型的游戏，不知道有没有合作的可能性。

对方当时说，这个想法很不错，他们去开个会商量一下。大概等了两天，他们说感兴趣，可以线下见面聊一聊。

这个时候，我整个人豁然开朗了起来。

03

我觉得，你不能祈求所有的事情都顺风顺水，遇到困难是很正常的，不能遇到困难就退缩，而是要不断地去尝试，不断地去努力！

就像我一开始做账号的时候，给每个编辑发我的视频，也是没有人回复，那个时候我还是个 nobody（小人物）。

但就算你有一定的社会地位，你去做某些事情的时候，也不是每个人都会去帮助你。他们可能有自己的苦衷，你也不可能去追问。

帮助我的朋友，我肯定会更感谢。有好玩的，好吃的，都会想着他们。

对于没有提供太多帮助，或者说无应答的朋友，我也不会斤斤计较。如果他们有事，再来找我帮忙，我也能帮就帮，而不会轻易记仇，觉得你没帮我，我就不会再帮你。因为我觉得，帮别人就是帮自己。

等等……再等等

04

另一件无应答的事情，跟加微信有关。

我当时参加了一档综艺节目，当天有四五个嘉宾，我们一起录制了五六个小时，整体氛围是非常愉快的。

我的工作习惯是，结束录制后，会主动跟所有人加一个微信，那次也不例外。

当时，那位嘉宾应该是急着离开，我说，老师咱们能加一个微信吗？他嘴上说，好好好，OK 没问题。然后进行了一个扫码动作，我扫他。

一般来说，就算再忙，隔几个小时也会收到好友添加提醒，但到 今天，我也没有收到。

05

对于当时的我来说，这是一件非常难受的事，确实感觉到了交友受挫。因为共事了一天，当时相处的感受还是挺好的，我一直在想，我是有什么事做错了吗？我不断地进行反思，但我仔细一想，好像也没做错什么。

我也站在老师的角度上去想了想，可能是社恐，不想交朋友？但我觉得可以直说，也比加了不通过要好。因为我也遇到过社恐的朋友，他可能真的不怎么加人微信，但他会直接跟你说明情况，那样我觉得是 OK 的。

后来我也问了很多朋友，发现有很多朋友也遇到过类似的情况，甚至有的朋友就是那个不通过别人的人。我问了他们为什么，他们大多数的回答都是，不知道怎么拒绝别人。

勇敢 say no（说不），也是社交中必不可少的一部分。

站在跟别人交往的角度上，如果你想拒绝的话，就直接拒绝吧，不要让别人的期待落空。

▼ 如何面对

▼ 社交低谷？

游戏复盘

如何面对社交低谷？

我们要明白，每个人或多或少，都有过社交低谷的经历，这很正常。

面对社交低谷，我们不能一蹶不振。只要向前走，总会越过低谷，步入平原的。

当然，我们也应该学会，坚守自我的本心和行事原则，不要成为他人社交关系里的低谷制造者。

如果你想从容地面对社交低谷，我觉得：

☺ 1. 前进法则：不停向前，困难便在身后。

人生不可能一帆风顺，但只要大步向前，一切都会迎刃而解。

☺ 2. 本心法则：不要因为他人影响自己。

做人做事一定要有自己的原则，不委屈自己，不强求别人。

☺ 3. Say no 法则：拒绝也是一种尊重。

如果感觉无法做到，那就拒绝吧，不要让别人的期待白白落空。

初阶攻略

NO. 05

NOTE

"金舌头"的修炼

请完成上海篇终极任务
打败笨蜡怪，获得关键道具【金舌头】

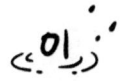

语言表达，是一种可以锻炼的能力。

当你走出社交第一步，你就有必要了解一些表达的技巧，让自己更加如鱼得水！

俗话说，"三人行，必有我师"。

第一个技巧，就是要学会观察生活，学会观察你身边每一个能言会道的人。

我相信，每个人的周围，都一定会有善于表达，或者很有幽默感，又或者逻辑思维很强的朋友。在和这些人接触的时候，我建议大家试着去学习他们身上的闪光点。

就像我之前提到的，我现在会练习、分享自己的生活趣闻，就是从我的脱口秀朋友那里观察到的。

除了听别人怎么说，更要看别人怎么做，你不可能等着别人告诉你，我是怎么样来锻炼我的脱口秀技巧，锻炼我的口才的。

学习的开始，就是靠自己的观察，这很重要。

学习的开始，就是靠自己的观察

这很重要

02

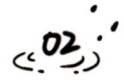

可能对于部分朋友来说，身边没有能说会道类型的人。这种时候，你还有一个很好的学习对象，就是你的老师。我们每个人成长的过程中，都要经历一段校园时光，而校园中你最常接触的人里，讲话最多的，其实就是你的老师。

你可以去观察各个老师的表达方式，选出你喜欢的，模仿并学习。

在上学的时候，我就特别喜欢有幽默感的老师，他们讲话时，让人感到很放松。老师跟学生的关系，其实会使交流变得很严肃，但他能缓和这种氛围，这很厉害。所以我会愿意去模仿他的语言表达。

如果你已经进入社会，身边没有特别好的学习对象时，你还可以注意那些经常发言的人。比如每个公司的管理层，他们往往处在一个不断输出的状态，你就可以尝试观察并学习他们。但是首先，你要挑一个你喜欢的，或者你听得进去的人来学习，这样你才有动力。

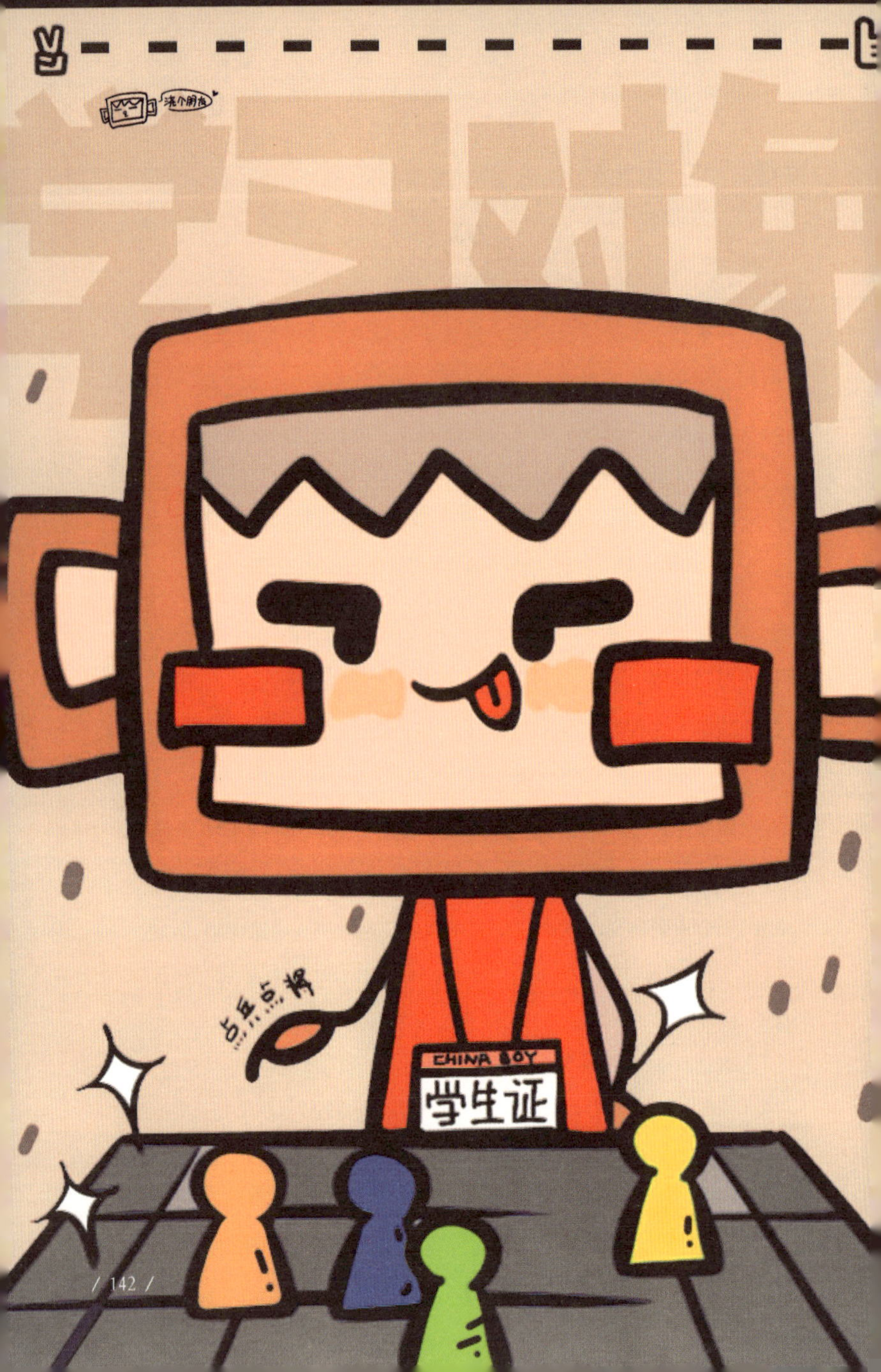
选个朋友
点兵点将
CHINA BOY
学生证

可能有人要说了，不管是朋友、老师还是高层领导，我身边就没有合适的学习对象，这怎么办？

对于这部分朋友，我建议从看演讲入手。

网上有非常多的演讲视频，比如 TED[1]、大学演讲，我在上学的时候就看过蛮多的。

演讲其实是一台"独角戏"，没有人跟演讲者对话，演讲者要用到很多技巧，来把自己的见解、观点或者想法告诉大家。所以你在观看演讲的途中，也可以学到一些语言的表达方式。

观察、学习过一个阶段后，你会有一些感悟和思考。这时，我推荐你每天写随记，把学习到的成果沉淀下来。在这个记录的过程中，虽然你并没有真正说话，但是你有思考和语言组织的过程，你的脑子还是会走完一整套表达的流程。

这一方面，是强化你对这些有趣事情的记忆；另外一方面，也是打磨你的表达技巧。这和我之前推荐过的，跟家人或好友分享趣事，效果是一样的。只不过后一种方式，有的朋友做起来会有困难。

---

1. TED，美国的一家私有非营利机构，该机构以它组织的 TED 大会著称，这个会议的宗旨是"传播一切值得传播的创意"。

文绉绉

幽默风趣

狂放不羁

在经历初期的观察和学习之后,你就可以找找自己的表达风格了。

04

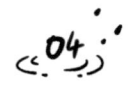

第二个增益手段,就是在社交过程中,保持真我。

保持真我,也就是我们之前说到的坦诚法则。我对于保持真我的一个判断标准,就是要有话直说,不需要兜来兜去地绕圈子,但是这样也会有一个明显的缺点,就是可能会得罪人。

关于这一点,我要先告诉大家的是,在表达观点时,哪怕你是一个社交老手,哪怕你用了非常圆滑的方式,也总会有人不同意你的观点。因为但凡涉及表达,就会出现意见不同,而当意见不同,就必然会存在矛盾。

当然,这里面也存在多种情况。

比如有一类人,他们在和别人相处时,一直都坚持自己的观点,但凡有人跟他唱反调,他都会憎恨对方。遇见这种人,你优先考虑的是,要不要让这样一个人,存在于你的社交圈,我相信大多数人是不希望的。

如果你判断有些人就是我说的这种类型,你就可以考虑把他踢出社交圈了。

另一种可能是，有些人因为不喜欢你，可能在你表达时，也会不满意你的观点。这时候，你就要分清楚，是你表达的问题，还是这个人本身对你印象较差。如果是印象问题，也许你要想办法去改变他对你的印象，这暂且不在我们此时想讨论的范围内。

刨除这些情况后，现在我们再来思考一下，怎么在真诚表达观点的同时，不得罪对方。

我想说的情况有两种：

第一种，大家在进行友好讨论的时候，你的观点和在场某个人不太一样。

比如说，大家都看了刚刚上映的电影，在一起讨论自己的感受。有人觉得这个片段拍得很好，有人觉得那个片段拍得很烂。

这时你也有自己的观点，想加入讨论，当你的观点跟在场人员不太一样时，要有自己的技能前摇[1]——输出自己的依据或者思考，不下定义式地否定他人。

你想说一个电影烂，总要先给出一个判断的基础。比如节奏拖沓，比如爱情线突兀，这些都是你觉得电影烂的理由。表达其他事件时，也是同理。

这种表达下，只要你的交谈对象是个正常人，他一定能理解你为何会有相反观点，而不是单纯感受到否定。

1.技能前摇，游戏术语，是指在施法到法术生效前的抬手动作，即技能释放的准备动作。

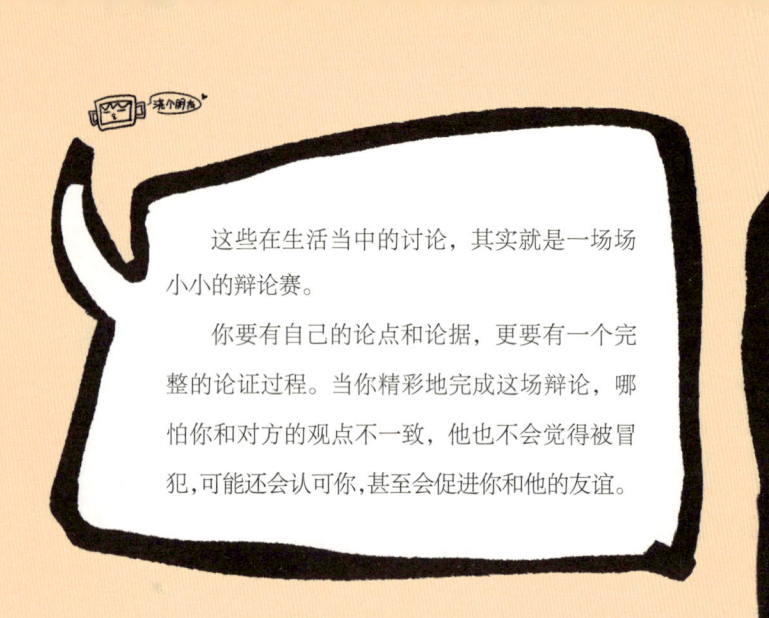

这些在生活当中的讨论，其实就是一场场小小的辩论赛。

你要有自己的论点和论据，更要有一个完整的论证过程。当你精彩地完成这场辩论，哪怕你和对方的观点不一致，他也不会觉得被冒犯，可能还会认可你，甚至会促进你和他的友谊。

第二种，你转述了一些来源不太靠谱的观点。

这种情况里，你和交流对象并没有明确冲突。但这是个潜在隐患，可能会导致你在对方心中形象变差。

有的朋友，从乱七八糟的营销号，或者所谓的知识小科普那里，看到了一些没头没尾的消息。当你不经思考和判断就把这些信息告诉朋友时，你就危险了。

这可能是很多人意识不到的一个行为，因为这类消息往往很猎奇，在没话找话的时候，很容易聊起。但你有没有想过，这个话题要怎么进行下去？

万一对面是一个知识面很广的人，你就有点班门弄斧了。对方如果知道你在说的都是一些假新闻、假消息，肯定不会对你有什么好印象。

或者说，对方也是一个很无知的人，那这个所谓的谣言，就很容易从你们的对话中传开。它可能会一传十，十传百，直到有人意识到不对，他就会问这是谁说的。

往回溯源，发现谣言的源头是你。

这个时候，所有接触到谣言的人，都会对你的信誉打个问号了。这就是一个非常不好的结果，会减少你自己的社交光环，使你完全处于一个 DeBuff[1] 的状态。

所以，大家一定要在自己的认知范围内去表达，一旦超出认知范围，表达出来的东西就很容易漏洞百出。

掌握这些要领，提升表达技巧，我们才能更从容地面对各类社交。

---

1. DeBuff，游戏术语。对一个单位或多个单位施放的，具有负面效果的魔法，使之战斗力降低。

▼ 表达技巧？

▼ 如何锻炼

游戏复盘

如何锻炼表达技巧？

每段社交关系中，都存在着"表达者"与"倾听者"，而"语言表达"，便是连接二者之间的桥梁。

语言表达，并非是简简单单地"开口讲话"，它也存在着诸多技巧，是一项我们可以通过锻炼，获得提升的技能。

如果你想提升自己的表达能力，我觉得：

☺ 1. 观察法则：三人行，必有我师。

默默观察、学习他人闪光点。

☺ 2. 输出法则：言之有物地表达。

不去下定义式地否定他人，表达言之有物；

不过度评价认知范围外的事情。

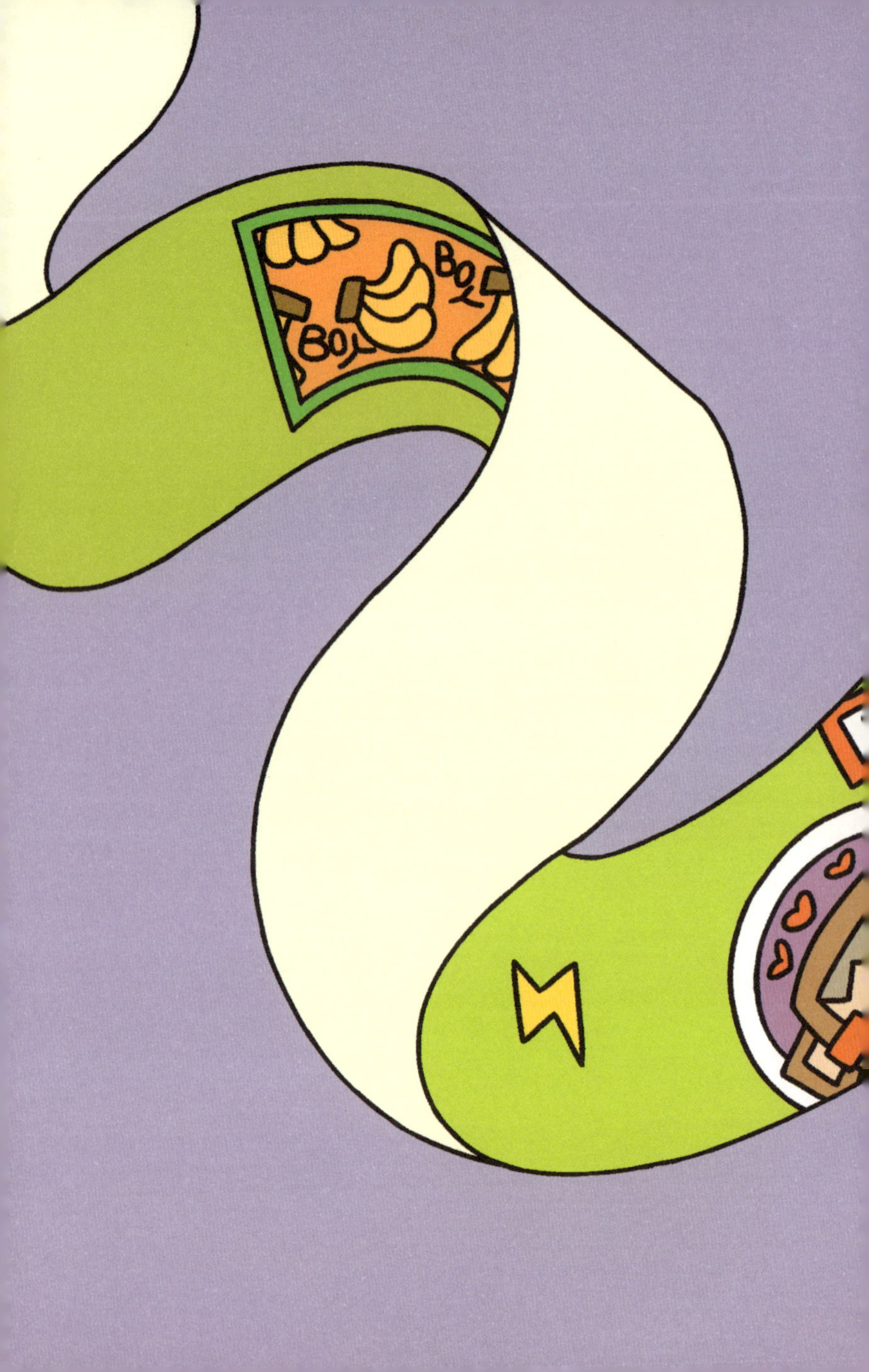

第三章 A线任务

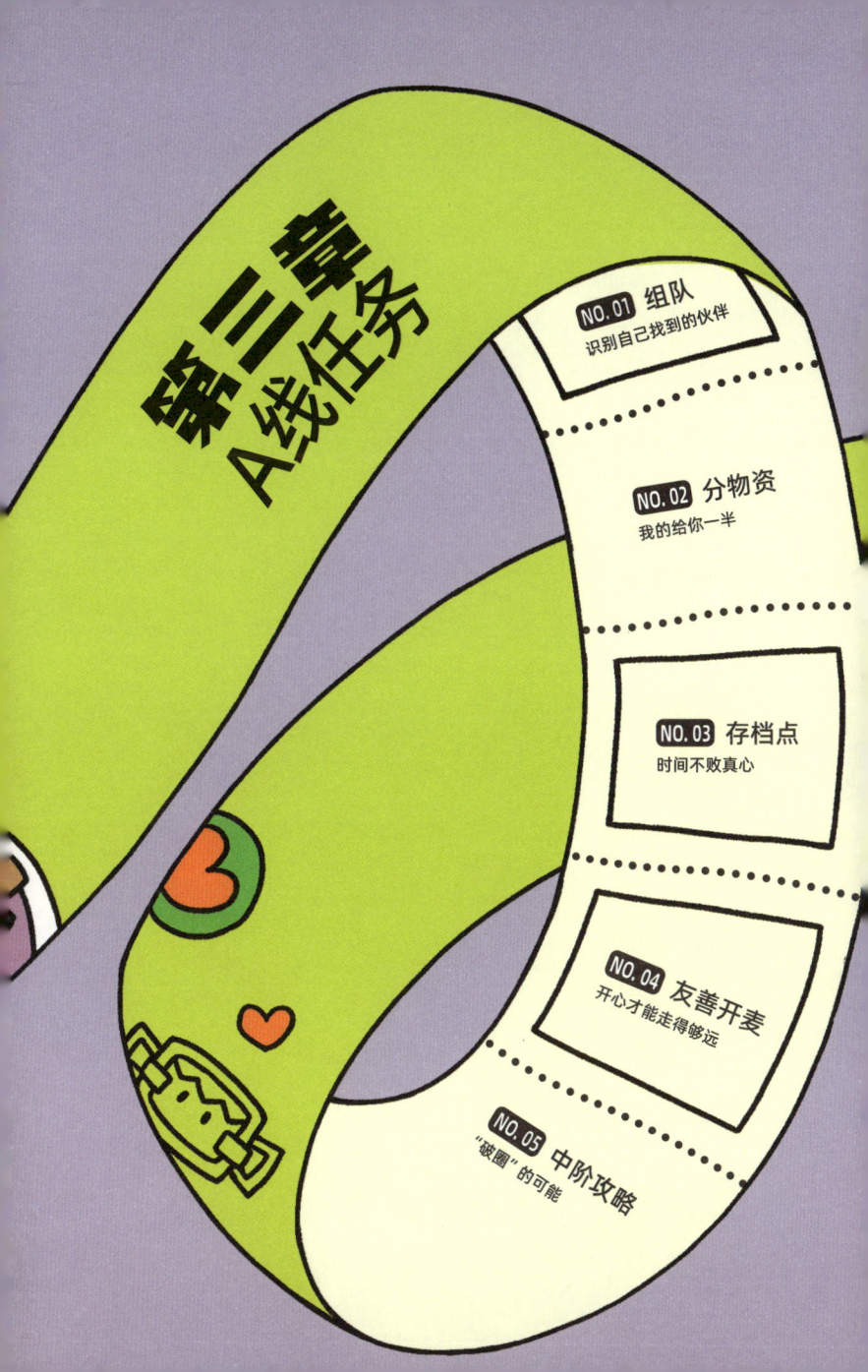

NO.01 组队
识别自己找到的伙伴

NO.02 分物资
我的给你一半

NO.03 存档点
时间不败真心

NO.04 友善开麦
开心才能走得够远

NO.05 中阶攻略
"破圈"的可能

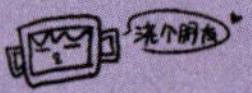

组队

NO. 01

NOTE ⊗ ⊖ ☺

识别自己找到的伙伴?

主动 被动

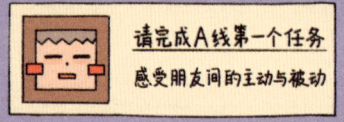

请完成A线第一个任务
感受朋友间的主动与被动

好朋友，也不是生来就是好朋友。
我们需要一起度过一些时间、面对一些事情，
才能从认识走向朋友，再从朋友变成好朋友。
有时候是我们主动踏入别人的领域，
有时候是别人主动踏入我们的领域。

有的人可能会成为我们人生中重要的伙伴，
就像舒克找到了自己的贝塔，被共同的梦想指引前行。

2018 年左右,平台组织了一次 UP 主们的聚会。

在这次聚会上,我初识了鬼畜区的某 UP 主,代称他为小 K。

小 K 在鬼畜区赛道非常亮眼,他音乐上的灵性很吸引我。

有才华的人啊,真的自带光环。

那时,他就是鬼畜区的爆款作品生产机。

因为都很喜欢 YouTube(视频网站)上的"梗文化",我们一聊就聊得很开心,聚会虽然结束了,我跟小 K 的交流却一直持续着。

那时小 K 对视频博主这个行业有很大的迷茫,既找不到继续下去的动力,也找不到未来的方向。

乌托邦

他说想要创造一个 UP 主们的乌托邦,把有意愿做好视频内容的人聚在一起,生产 UP 主们认可的内容产品。同时,又让 UP 主们都有不错的现金收益。

我问他,这个"不错的现金收益"从哪儿来?小 K 说,前期先由他自己出钱分给大家。

后来证明,只靠理想支撑,没有好的运营模式和商业模式的项目,很难"长寿"。打造乌托邦这件事,本身就成了一个乌托邦。

02

这之后,我们交流的话题,常常与职业规划、音乐相关。

"乌托邦"失败之后,小K也没有气馁,他开始尝试一些偏电脑周边销售的新创业方向。小K让我特别钦佩的一点是,他想要改变就立刻行动。那时,他常穿着西装,到处谈商务、谈合作。我常开他玩笑,因为他圆滚滚的,却要穿西装,形象特别冲突。他其实很拼,能看到他为了自己事业的付出。这样的他在我眼里,特别有人格魅力。

而我,正在尝试做音乐。在做音乐这件事上,小K给了我很大的支持。

他帮我做了音乐的编曲、混音。找他帮忙时,他总是第一时间回应我。明天拍一个MV,他说OK,没问题,他来。他找我吃饭,或者有什么烦恼,我也是找最近的时间,OK,那我们约一个。有一个朋友,能即刻反馈你的那种快乐,你们能懂吗?总之,我们的友情就在这样互相关照的过程中,越来越坚固。

03

在 2019 年下半年，一个视频创作者找到我，邀请我一起合拍内容，叫他 S 先生吧。

我跟 S 先生并不熟，但我们有一个共同的微信好友。那时，S 先生的账号粉丝大约在万人左右，我应该在两三百万人左右。

他问："能不能帮忙，拍一期 UP 主开什么车的视频？"从内容角度考虑，我认为这个主题能拍得很有意思，就答应跟他去拍。

拍完之后，他也很热情。说真的很感谢一起拍这个视频，如果有什么忙，在下义不容辞。其实所有人，在第一次合作之后，都会这样跟我说，因此我也没太走心。

大约三到六个月之后，他从杭州搬到了上海，我俩同城了。S 先生常请我吃饭，找我聊天，我很喜欢跟他聊天的氛围。有一次聊起，我们做视频的，会用到一些设备，像灯光、麦克风，甚至相机。他发现我有这方面的需求，而他又直接认识这些厂家的人。这之后当厂家有推广需求，S 先生就会把我介绍给对方，并说可以给 BOY 送一个，他是我的好哥儿们。这种朋友，太仗义了。

S 先生不断地成长，粉丝也越来越多了。有次，一个朋友告诉我，跟另一拨朋友第一次见面，里面有 S 先生。大家自然而然地聊一聊共同认识的朋友来破冰，就聊到了我。

朋友形容 S 先生对我赞不绝口，说在他事业的起步生涯，王瀚哲给了他很多帮助，觉得我对他很好，很 nice。

这个事情让我感觉，S 先生这个朋友，有点不一样，有点超预期。原来，他不光是一个把你的需求认认真真放在心里，还是真情实感地认可你、肯定你的那种朋友。因为只有发自内心地认定你这个人，才会在背后也在说你的好话吧！

他更会在合作方面前，高度地评价我。包括有些商业合作项目，让他推荐别的朋友，基本上第一个想到的，都是我。

我想，不管是谁，能交到这样的朋友，都会感恩遇见的。我们现在在各自领域，都在按自己的节奏发展成长。但是，不管在哪个阶段，他都保持了"一直会想着兄弟"这个特点。

我认识的朋友其实非常多，但要说真正有哪几个朋友，能把所有的好机会，都想着你呢？还真没有一两个人是能做到的。

只要我一想到，我有个兄弟，

他心里常有我，他认可我，我都感觉到一种踏实，

我甚至因此在向前奔跑的时候，能放心加速，跑得再快一点。

我觉得交朋友，他给你付出了他的百分百，

那我也要百分百给予回报。

这样大家的友情，才会更加地坚不可摧。

去年跟某大型企业聊一个商业上的框架，

我也第一时间介绍了 S 先生，

我说我这里还有一个好朋友，

可以跟你们的汽车产品做做联动。

04

但有时候，对你很好的朋友，有可能是个骗子！

我有一个游戏制作人朋友，他很优秀。在一个社交局里，他认识了一个投资人。这个投资人开着几百万的豪车，住在上海那种很贵的小区。

很快，投资人帮我的制作人朋友家的小孩解决了上学问题。这个事一办成，投资人在我的游戏制作人那个圈子里的口碑，一下子就建立了。

圈子里有一个人，姑且叫他有钱哥吧。

有钱哥想买一套热门小区的房子，向已经建立了口碑的投资人请求帮助。

投资人一口答应，说跟开发商很熟，帮你搞定！对方因为要运作，跟有钱哥要了百万元，有钱哥想也没想，直接把钱打过去了。过了两三个月，楼盘已经不卖了，房子的事还没有结果。

有钱哥感觉事情不太对劲,于是组了个局,把圈子里所有跟这个投资人接触过的都叫到了一起。大家一交流,吓了一跳。这个投资人跟大家都有金钱往来,很多是帮忙给他垫付个三五万周转的。

这下,大家都去找他要钱,但没有回复,找不到这个人了。

最后,大家找了警察、律师,才知道这个人是惯犯。

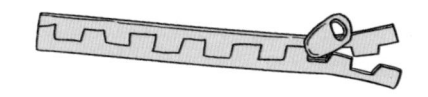

我另外一个朋友,也特别有钱,叫他有钱二哥吧。

他有一个汽车同好群,各种车主在群里交流。群里有个律师事务所的老板,开劳斯莱斯,在群里偶尔发言。

有钱二哥想买辆豪车,在群里问有没有人可以不加价帮他买到。律所老板说,他有路子,加价不多。

有钱二哥就去线下见了这个人,对方招待得非常到位,豪车接送,高端宴请。

最后,事情也给办妥了,有钱二哥的车买到了。

于是,律所老板在群里的信誉度,空前高涨。

所有人都觉得,这个人有钱、有能力,形象简直不要太好。

后来,有钱二哥搞事业,遇到一点问题,想要找人帮忙。

在群里释放了这个需求后,律所老板就在群里说,私聊。

私聊的意思就是,他能搞定这个事,但需要一笔钱。有钱二哥也未觉有异,直接把钱打给他了。

过了很久,事情一直没有进展。

有钱二哥找了群里跟律所老板有接触的人,拉了个群,进行了一次信息互换。

原来,律所老板用各种名目从大家手里骗走了多笔数额巨大的资金。最后,他们选择了报警。

有钱哥和有钱二哥的事,是很相似的。都是社交局,都是骗子先用"奉献"和"达成",来打造自己的信誉度,以此为饵,来钓更多的"鱼"。

所以,有时候,即便别人让我们感受到很舒适,也要有警惕心。不能把别人的好当作理所当然,要有防骗意识。

▼ 如何把握

▼ 社交分寸？

游戏复盘

如何把握社交分寸？

做人做事是否能把握住分寸是很重要的素质，在社交关系中也不例外。

好的关系可以说是双方互相适配了对方的节奏，进退得体。当我们清楚如何主动社交、如何接受和判断别人的主动社交，就算是对社交分寸有了初步的体验。

当我们想要主动靠近一个人，如何跟对方拉近关系才不会被对方嫌弃？你可以：

☺ 1. 小联系法则：常用"在干啥"问候朋友。

常给朋友发上一句，最近在干啥？

能很好地更新好友的近况，保持关系的鲜活度。

☺ 2. 背后夸奖法则：比当面称赞力度更强。

不管是谁，当从第三方听到别人给的认可时，都会开心加倍。

这个方法是朋友关系的超强推进器。

当别人想要跟我交朋友，初始阶段，怎么反馈才合适？
我是这样做的：

😃 1. 自保法则：跟不熟的人不要太外露。

在与陌生人接触时，忌一次性暴露过多的个人信息。

如果对方很诚恳，在相处的初期，可以保持适当比例的暴露程度。

😃 2. 反思法则：别人为什么对你好？

当他人对自己主动示好时，除了要主动道谢之外，也要反向推敲一下，

对方这么做是不是有原因？如果有，最大可能是什么原因？

要主动解读，掌握关系主动权。

分物资

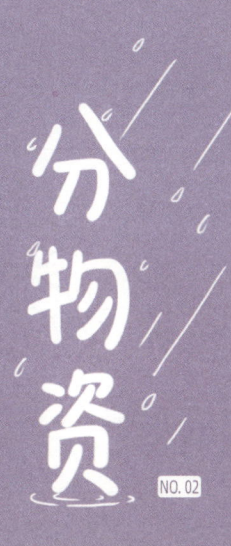

NO. 02

NOTE

我的给你一半

请完成A线第二个任务

看见老朋友的新可能

朋友就像宝藏，用心体会，总能看见更多闪光。

也像种子，切下去，长出来，养得好了，还会繁盛。

养不好了，就单枝儿，还特容易死。

我们都希望培育的小芽，长大高几长得越来越好，还能带出新枝丫，再把新的枝丫分给新的朋友。

/ 173 /

2021年年底，小K给我打了个电话："王瀚哲你想不想做游戏？"

之前，我讲过想找人合作制作一款游戏，但只是单纯地尝试一下做游戏这件事。而小K找我，是想认真地去创业——做一个游戏公司。

但我俩跟游戏行业八竿子打不着，小K是做音乐的，我是做游戏评测的。说白了，做游戏如做饭的话，相当于我是那个美食评论家！这怎么弄呢？

小K却说，我们要在自己的领域深耕，我们要做这个赛道。

他前两次的创业经历，在我眼里，那都像是小打小闹。我曾眼看着小K，在他自己的主线故事里挣扎起落，个中得失，酸楚欢愉，我以一个朋友的身份也尽数知悉。但这次，他说做游戏的眼神和决心，作为一个好朋友，我能感受到完全不一样。等于小K现在要开双排嘛，一起上喽。

那一刻，我选择相信他。于是，我们创业了。

到现在 2024 年，我们的游戏，完成度在 60%。

小 K 整个人已经全扑在这个事业上了，他的视频都没怎么更新过。

我们现在也不知道，这个游戏在未来到底会成功还是失败。但至少从产品创意、内容创作和质量把关上，我觉得它充满诚意。

无论最终结果如何，都不会影响我对好朋友的信任。既然是我选择了相信朋友，那我就信他到底。

重要的是，我和小 K，除了好朋友的关系之外，又多了一层叫作合伙人的关系。

和你在一起很重要

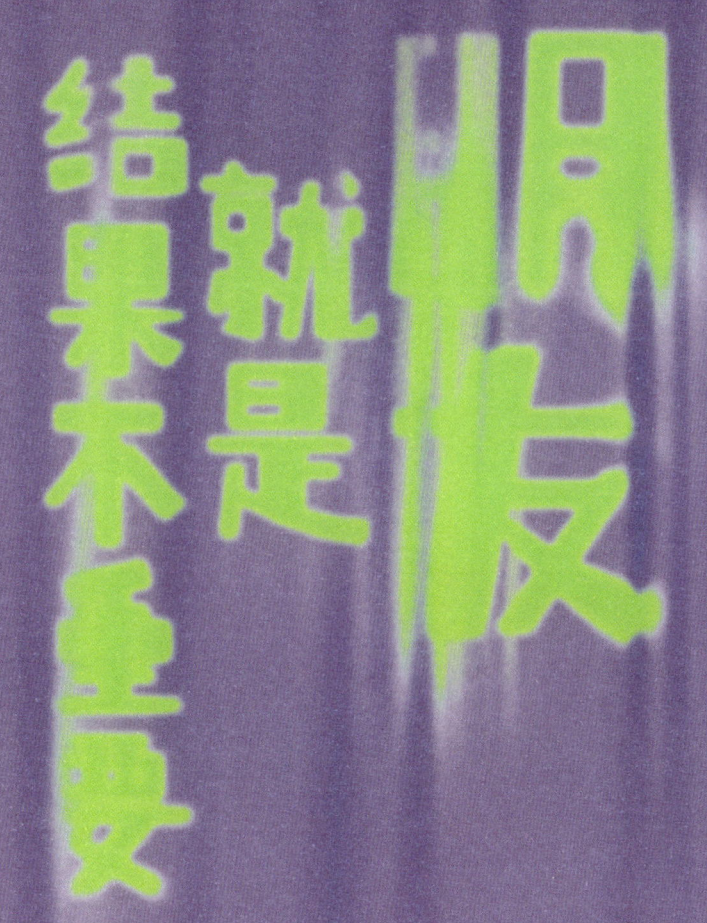

朋友就是和你在一起结果不重要，过程很重要。

02

如何看见老朋友的新可能

跟老朋友之间,
能够迸发出更多的合作机会,
就像我和小K;
当然,
也可以通过老朋友,
结交新朋友。

2023年，S先生过生日，我去他公司玩，S先生的朋友眼镜哥也在。

眼镜哥也是做汽车内容的，我们之前加过微信好友，私底下，会简单地看一下对方朋友圈。除此之外，没有过多交流。

S先生生日那天，是我跟眼镜哥的第二次见面。本着朋友的朋友就是我朋友的原则，我们聊起了日常。

眼镜哥问："你现在开的是个什么车啊？未来要不要再换车啊？"

"我那是个小跑车，开得不勤，准备换呢。"

"你这车，我感觉一两个月内可能跌价啊。开得不勤，不如卖掉吧。"

"卖车太复杂了，我也不知道咋弄好。"

"这样，你交给我。"

眼镜哥现在是内容人，原来是从事汽车领域的具体工作的。他现场就开始打电话，直接联系了三家车商，三家都给了报价。

第二天，眼镜哥跟我说，找到了一个本地的二手车商。当天就可以把车拉走，晚上能把钱打给我。而我啥也不用做，只需要把钥匙寄给他们，就可以了。这个效率，当时把我惊到了。

我这个人，还是有一点防人之心的。怎么会有那么好的事呢？我想，要不要多问问细节，求证一下？还没等我开口呢，下一秒钟，他就把沟通的全部聊天记录发给我了。

整个聊天记录里，给我的感受是——他在很用心地帮我处理这个事，也不从中牟取任何利益。可能他社交太多次了，高频地跟不同的人打交道，知道大家在短时间内都会有所犹疑，不如就把聊天记录全部发出来好了。

我感觉，这哥们真挺好，第一次遇到这么热心肠，又有效率又有能力的。要不是因为 S 先生，估计也没有机会遇到眼镜哥了。

眼镜哥通过我，也认识了小 K，他觉得小 K 是一个特别的天才。小 K 一直在研究 AI，他们在 AI 方面有很多交流。眼镜哥偶尔会找我聊聊他在内容方面的焦虑，他会问我，怎么做呀，有没有什么意见？他之前各种帮我，我确实也能在内容方面给他提供一些意见或者建议，我们这种互相帮助的关系，算是确立下来了。

03

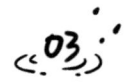

后来，我想买一个新款汽车。我问眼镜哥，有没有什么办法能买到便宜一点的?

眼镜哥二话不说，直接把整个上海和外地的经销商问了个遍。"上海经销商这边月底马上要到一辆新车，优惠××元，截图发给你了。你看行不行? 行的话，就跟那边说，定下来了。"我说："行!"

他的超强行动力，也让我受到影响，变得很果断。

买了车之后，需要上牌、买保险。他告诉我："上牌已经约好了，我也有辆车要上牌，就一起去吧! 上牌的钱已经帮你付了，你就不用付了。"老有这种小事，让你觉得，被关照得太到位了。

这个时候就觉得，哇! 这这这这，不会是个骗子吧? 也有点儿太好了!

转念一想，他也是做媒体的，大家都是公众人物。如果在这上面使小聪明的话，也有点儿得不偿失。我就跟着他去上牌了，一切都非常地顺利。

这个事结束之后，我有个姐姐想买车，要买性能好又便宜的，问我有没有什么人能帮帮忙？我马上就想到眼镜哥了。

眼镜哥是那种热心肠，基本上来者不拒，说帮就帮。无论你有名还是没名，他觉得，只要是朋友介绍来的，都是朋友。所以每一个朋友，开始都感觉他像一个骗子，哈哈哈。

因为他太主动了，我那个姐姐，也老觉得他会从中赚钱。他有苦说不出，只能跟我说。后来他对我说，我这个姐姐消失了，每次找她，她都只回复一句"忙"。

隔了一段时间，我那姐姐又主动去找他。因为她用自己的关系，证明了眼镜哥真的没有赚她的钱。最终，还是通过眼镜哥买了车。

老话说"朋友多了路好走"，如果不是有眼镜哥这样的朋友帮忙，我们关于车的问题不会处理得这么顺利。如果不是因为 S 先生，认识不到眼镜哥。多交朋友吧，第一个朋友可能是认识第二个朋友的契机哦。

04

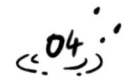

眼镜哥的交友方式,是对所有人都百分百的热情,而且还会主动帮助你引荐他的社交圈。

他时不时地问我,你最近在干吗?在忙什么呢?我说,我在干吗干吗。他会跟我说,最近认识了一个某平台的大网红,介绍你俩认识一下啊。

他主动帮助大家拓展社交圈,目的就是为了促进这些优秀的人有更多的合作,然后大家成功,也代表着他的成功。

他的交友逻辑,有点儿像广撒网。他百分百地付出真心给一百个人,不奢求这一百个人都能记住他的好,但至少这一百个人里面,哪怕有五个,记住了他的好,那这五个人有一些好的项目或合作机会,能想起他来,就足够了。

成为朋友的契机有很多,一个共同爱好,一场合作邀约,或者只是一次偶然的擦肩而过。

我想,不管因为什么契机,使两个陌生人相遇,只要内心是真诚的,做自己的,为对方着想的,互相认同的,那就好好经营你们的关系,享受这段朋友同行的人生旅程吧。

▼ 游戏复盘

▼ 如何在关系里长出新关系?

如何在关系里长出新关系？

朋友也好、朋友间的关系也好，要让它们流动起来，因为动态意味着生命力。相信眼镜哥经营朋友的思路，能给我们一点启发。

如何让好关系生出好关系？至少应该做到：

☺ 1. 提供帮助法则：助人便是助己。

每一次帮助他人，都是对自己的一次投资。

如果你周围也有一些朋友，他向你寻求了帮助，而你帮助了这个朋友，

就相当于积攒了一次自己的口碑。有类似事情的时候，

你的朋友会再次推荐你去做，你的人脉关系就流动了起来。

☺ 2. 珍惜法则：珍惜新朋友。

新朋友总会给你的生活带来新机遇，

会结识更多优秀的人，看到更多可能性。

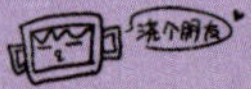

存档点
NO.03

NOTE 时间不败真心

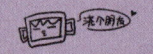

请完成A线第三个任务
"重启"你的老友关系

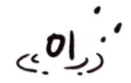

曾经有人问我，如果你和一个朋友好久没联系了，会不会觉得很难再联系上呢？我很疑惑，这有什么难的？直接联系就行了呀。

换位想想，如果有一天，一个很久没联系我的朋友来联系我，我心里会不高兴吗？肯定不会。既然不会不高兴，甚至还会很开心，那如果，我去联系那个很久没联络的朋友，就不会觉得有什么啦。

我从来不觉得朋友之间，会因为所谓的断联，而有所不同。

我小学一二年级的时候，有一个处得很好的同学，小林。

我们的关系特别亲密，是形影不离的那种。放学之后的时间，基本都是跟他一起度过的。我们一起玩遥控车，一起买零食吃，一起去小卖部写作业，也一起看动画片。要么是他来我家吃饭，要么是我去他家吃饭。那时候的感情，特别纯粹。

02

小学三年级，小林因为家里生意的关系转学了。

我很想他，常常怀念我们互相陪伴的日子。虽然也有其他同学一起玩儿，但感觉不一样。中间我也想过找他，但那个时候，没有QQ号，也没有电话号码，我跟他就这样断联了。

时光无情，日子猛过。小林的形象在我脑子里已经不再具体，只剩下一些还算清晰的感受。我本以为，应该找不到这个朋友了，毕竟那么多年过去了，但缘分这事，还挺玄学的。

突然有一天，我同学给我发消息。他说："你记不记得，有一个叫作林×的人？"我说："当然记得，跟我玩儿的特别好，但是失联了。"然后，那个初中同学告诉我，他的微博私信，收到了小林给他发的消息。

起因是，我这个同学发同城的微博，被小林看到了。小林认出了这个同学，就发了微博私信。他说："你好某某同学，我是林×，咱们是小学同学。你有没有王瀚哲的联系方式？"

我那个同学，对小林完全没印象，他不记得这个人了，所以来问问我这个事儿。通过这个同学，我加上了小林的微信。

想想我们失联，是小学三年级，重新认识是 2021 年，中间隔了十几年时光。我们不知道彼此发生了什么。我们加上微信之后，开始大段大段地聊天。

我才知道，原来小林离开之后，也因为想念，曾经回来找过我很多次。三年级时，他第一次来，敲门，家里没有人，再来，家里还是没有人；四年级时又来，仍然是没有人。他上了初中，还来了一次我家，还是没人。

03

他每次来，我都不在，是因为我住在奶奶家了，那边已经不回去住了。所以，他才一直找不到我。

原来，我们的感情是双向奔赴的啊！他一直想找我的联系方式，甚至刷到了同城，刷到了之前的同学，而我们那个同学都记不起来这个人了。

虽然中间有那么多年断联，没再联系过，但是重新联系到的那一刻，我们之间的感觉，还是少年时的样子。

我也知道了他大学去了英国，学了音乐专业，现在回到我们老家上班了。我告诉他，我做博主了。把我的主页发给他，他吓了一跳，说好多粉丝。

所以，时间并不会冲淡什么，好朋友之间的感觉还是一样的。

04

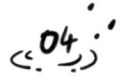

少年时的友谊，不会被时间冲刷，成年人的友谊，有自己的体面。

在 Y 平台，我认识一个博主，他曾经做单机游戏品类，后来做了自己的公司。一晃八年时间，因为各自的发展不同，我们几乎没怎么联系。

直到我自己开了公司，有很多问题，想找有创业经历的前辈聊一聊，就想到了他。在内心里，我并不觉得我们八年没有联系，会让我变得难开口，也没想着组织什么语言，怎么开启我们的对话之类的。我很直接地问："哥，最近在忙什么？有些事情想请教一下。"

我问了挺多问题，关于怎么招人、如何进行公司管理等等。我这个哥，也正面地一一回答了我这些问题。

假如我这个哥，因为我们中间的断联，而选择不回复我，我也不会觉得怎么样。哪怕他这次不回我，之后又主动联系我，我也会心无芥蒂地与他对话。

断联的发生，是双方共同默许的。不管时间的长短，都是在双方心理接受程度以内。在成年人的视角里，我们更多要学会的是互相理解、互相体谅。

游戏复盘

▼ 如何让关系重新升温?

如何让关系重新升温？

老朋友之间,一定是共同分享过一段时光的。在那段时光里,你们发生了只属于你们的故事和体验。不管是主动还是被动,虽然朋友之间的联系没那么紧密了,但其实,恢复你们热烈的友谊并不复杂。

1. 小火法则:先关注对方的动态。

关注对方的最新动态,以此为切入点,温和缓慢地恢复双方的对话。

2. 往事法则:回首一下过去。

聊聊往事,彼此间曾经共同的经历,会迅速拉近彼此间的距离。

3. 直球法则:有事直接聊。

因为已经认识,不是第一次聊天了。

他也知道你的工作、你的职业,就事论事,可以不聊废话。

时间的间隔,并不会有那么大的影响。

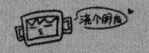

友善开麦

NO. 04

NOTE — 开心,才能走得够远

● 任务×4

请完成A线第四个任务
化解朋友间的不愉快

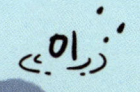

有时候,我们自己都会跟自己生气,朋友之间,难免也会有一些不开心。

这种不开心,有时是因为太在乎朋友了、有时是因为朋友的情绪不太对、有时是因为朋友的事情处理得不太好。

但正因为在意,才会产生摩擦,正因为想要走得更近,才会需要磨合。

幸好,我身边的朋友们,一个比一个喜欢开心。很多时候,事情还来不及搞大,大家就笑着化解了。

我有一个朋友小刘，比较省吃俭用，但他其实赚得并不少。所以朋友之间，经常会拿这点调侃他。

有一次，人还挺多的一个局上，我感觉到所有人都在拿他这点开玩笑，问他是不是又搞到了什么性价比很高的东西呀？又省了不少钱吧？

当时的气氛稍微有一点冷，因为他没有回应这些玩笑。如果他对大家开的这个玩笑稍微回应一下，场面可能不会太冷，但是没回应的话，气氛就开始降温了。

就怕空气突然安静，这个时候，就需要有人来活跃一下气氛。我当时直接说："这个没什么好说的啊，每个人的性格习惯不同，咱们换一个话题聊聊。"现场就没有尬在那个地方，这个事就算过去了。

我的性格，挺害怕大家突然没话说，最简单的处理方式是把这个话题稍微地转移一下。

跟人交往的时候，我倾向要有同理心，要站在对方的角度上去理解他人，理解并尊重他人的选择，或者生活方式。

尬。

跳过!!

SKIP

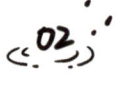

但有时候,有些朋友,确实让人又生气又着急。

身边总有那么一两个朋友,时间感特别差,总喜欢迟到。比如约好了今天去打羽毛球,有的人就会迟到半个小时,甚至一个小时。

我心里虽然很不爽,但是不会说什么,只会调整一下自己的状态。如果我知道这个人,基本上两三次了,都是迟到半小时。那下次,我会跟他说集合时间是一点半,但实际是两点。

我们很难改变别人的习惯,如果让我跟对方说,迟到很不好,我又不太愿意讲这种话。

我们有一次约玩密室，六个人，定的时间是晚上十一点。但是，有个小伙伴一直没有来。我们在场的五位都很着急，给他打电话他也不接，发消息也不回，整个人消失了。

那个老板也在催我们："你朋友还要多久？我们最多还能再给 5 分钟的时间。"那个朋友迟到了 15 分钟，最终出现了。

这个密室很火，好不容易才定上，大家也是凑时间一起玩。他说："实在不好意思，很抱歉，在开车，然后堵车，也很急，也没有看手机，保证下次不再这样了。"

如果他态度很强硬，哎哟，你们急什么急？这不是没开始吗？可能当场大家就爆炸了，肯定会发生一些争吵。

如果你是引起矛盾的那一方，要好好地表达你的歉意，说明迟到的原因。大家都很理性，这种小冲突能避免就避免，不要让它出现。

03

2020年的时候,有次去录制一档节目,参与人员被统一安排住酒店,大巴统一接送去片场。因为是工作模式下,大家都蛮守时。但有一天,出现了大巴车迟迟不发车的情况,因为有人迟到了。

半个小时后,迟到者出现了。

这哥们儿特别绝,上车啥也不说。"砰",坐那儿了。

大家素质比较好,也没人说什么,都把火气自己咽下去了。但是,我对这个人的印象变差了。我会觉得他不仅迟到,还态度傲慢。我想,这对他之后的事业,还有人际关系维护上,多多少少会有一些影响。

这两件事,那个密室迟到的,其实没有人会记得,但这个态度恶劣,迟到半小时的,四年了,我都印象深刻。

因为,人的态度,说明了一切。

因为，人的态度说明了一切

(迟到30分钟，30个人，那就是 30×30=900分钟!)

游戏复盘

▼ 如何化解

▼ 朋友间的冲突？

如何化解朋友间的冲突？

直播时，会有些朋友问，跟自己的好朋友产生了矛盾，吵架了，该怎么办？

我的观点是，吵架一般是两个人都正在气头上，需要其中一方"卑微"地迈出第一步，把这个窗户纸给戳破。如果是你很想恢复这层关系的话，那可能要你来担当这个角色，你来做戳破这层纸的人。

要就事论事，先把话匣子打开。你们吵架的时候，可能双方都很不理性，或许破口大骂了，也可能说了一些很难听的话。

那肯定得跟对方道歉，吵架是双方的事。

如果到了最后，你还是认定，都是对方的错，你一点错没有，那我觉得这个关系是很难再恢复的。

一般我认识的朋友，比如跟一些同学吵架了，去道歉，都是双方互相说对不起。类似"我刚刚情绪确实有一点失控了，不好意思"。然后对方可能也说，"我刚刚也是有一点太上头了，说出了一些不好听的话"。这就是双方互相下台阶的过程，顺着就下去了。下去之后，如果还是对刚刚的事情有所顾虑，可以再通过理性的方式进行表达。

什么是理性的表达方式呢？我觉得是一定要控制好自己的情绪。

很多争吵发生的原因，都是没有控制好自己的情绪导致的，并不是一些特别重大的事件。有点儿像段子里说的，情侣吵架，吵着吵着对方突然说："你怎么可以大声吼我？"重要的不再是事件，而是处理事件时的态度。这时要控制住情绪，可以通过声音大小、腔调、身体语言等细节，来展示自己状态的平和，营造出柔和的沟通氛围。

总得来说，化解朋友间的冲突，你需要：

1. 主动法则：谁需要，谁主动。

那个更想维护朋友关系的人，要主动迈出第一步。

主动也代表着掌控，代表着对这段关系起到了主导作用。

2. 冷静法则：控制情绪，保持客观。

沟通过程要去除不必要的情绪化，

维持冷静的沟通氛围，并尊重客观事实。

中阶攻略

NO. 05

NOTE

"破圈"的可能

请征服中级BOSS
拿到——【合作意愿果实】

我想，你可能和我一样，听说过"六度人脉"理论。

只要通过六个人，就可以突破所谓圈层的束缚，联系到世界上的任何人。

联系到的人，就一定可以成为很好的朋友吗？那可不一定哦。

想要实现社交的破圈，需要经营深度的社交关系。

如何让关系变得更有深度？

让自己变得足够优秀，是前提。因为好的关系，往往始于吸引。

比如，你通过别人认识了我，你是一个艺术家，并向我展示了你的作品。我觉得你的作品很棒，然后我才能记得你是一个艺术家，进而会被你吸引，才愿意了解你更多。

如果你什么吸引力都没有，还一直抱着交友的心态，去结识更多朋友，就有点无效社交了。

作为一个普通人，不停地去"混圈"，频繁出入各种局，加各种人的微信，无非是对自己的消耗。

所谓的好声誉，是大家提到你的名字，能想到你的好性格、好品行，或者你在这个领域取得一些成就，等等。如果你真的是一个 nobody，仅凭借着一张嘴混迹各个圈层，那也是你的本事，但你得到的评价，可能就只有一个——混圈的。

除非你变成万能中介，只要找到你，就一定能找到对应的人。但这个也是百里挑一，很少有人能做到。如果能做到，也是因为之前在某些领域发光发热过。因为之前的努力，积累了很多社交上面的好友，每段关系处得都不错，才可以来当大家的润滑油、黏合剂。

混卷

02

我是怎么更清楚地认识到这件事情的呢?那就要说到前些年,我参加了一个综艺节目。

这个节目找了各种领域的嘉宾,一起比赛体育项目。来的人很多,我大概看了一下就有演艺圈、偶像圈、街舞圈,还有我们游戏圈的人。

我记得当时把所有人分成了四个小组,每组二十多人,大家一起比赛。除了少数几个熟人之外,其实大家都是互不认识,只听说过没见过。

人多的场合我之前也见识过,但是这种到处都布置了摄像机,一举一动都会被拍下来的大场面,我也是第一次见,还是有些慌张的。

所以我在那里做的第一件事,就是去联络我的熟人们,然后我们一起去认识其他朋友。

慢慢认识的人越来越多,我适应了节目氛围,社交雷达就开始运作起来了。

我四处观察,还有没有我在电视上看过,但是还没有认识的人。这时候,我看到了当时很火的选秀男团,他们一堆人在那里,我就想去结识下。

但是因为彼此不熟悉，贸然过去也挺尴尬的，我就在不远处对他们施以礼貌的微笑。没想到他们之中有个人主动对我招手，把我叫过去了。

对方先主动打了招呼，然后说自己从小就看我的视频。

我看着我们俩岁数差不多，想着也许这是一句幽默，但话题就这样展开了。

因为年纪相仿，我们的兴趣爱好有很多相似之处，就越聊越兴奋，聊了很久。甚至后来他们小组微信建群，误以为我也是这个分组的，就把我拉进去了。

现在回头再看，是过往作为游戏博主的不断输出，给了我这次破圈交友的可能。

03

想要破圈交友，自身具备某方面技能是基础，在此之上，还要敢于"say hi"（问好）。

我刚开始做视频的时候，也有自己喜欢的视频博主。他有好多好多的粉丝，我还是个小透明。有一天在一个群的成员名单里，我看到了我喜欢的这个博主的名字。

我向他发出了 QQ 好友申请。

加了好友之后，我自我介绍："我也在做视频创作，主要做一些独立游戏。太开心了，加了你的好友。"

现在发现，很多人是没我那时候的胆子的。

为什么？

首先，加个好友，其实很简单，只要有他的联系方式，只要有这个胆子，去添加他，80%的概率都是通过的。就算不通过，对你来说，不会造成什么影响，因为你已经预料到了这一层。

有时候，因为太喜欢了，或者说怀着比较崇拜的心情，因此不敢跨出添加对方好友这一步。哪怕你们有共同的群，有交叉认识的朋友，内心还是会有那种比较敬畏的感觉。

我能理解这种感觉，因为我也有过类似的经历。

某个合作平台的 CEO，我是去年才加上他的微信。

我虽然跟这个平台合作，但跟平台 CEO 其实没有太多交集。

某次录节目，要加一下对方微信。找了平台的某个高管，高管把 CEO 的微信推我了。我申请好友之后，对方一直都没有通过，我也没去想太多。

后来，非常巧合，我跟 CEO 在飞机上遇到了，他就在我隔壁。

此时，我俩在现实生活中已经见过不少面了，我就说："总裁，我之前加您微信，没通过呢。"

他说："有这个事吗？噢，人太多了，没注意到。"

我说："那没事，我们再加一下呗。"

如果别人遇到这个事，可能更不敢去打招呼了。因为你加了一次微信，人家还没通过，又在现实生活中遇到了，会觉得很尴尬，对吧？微信都没通过，那还聊啥呀？

但我觉得这都很正常，没必要自我拉扯、自我否定。更不要给别人强加一些光环，过度抬高别人，过度贬低自己，这些都不利于交到朋友。

▼ 如何认识想认识的人？

游戏复盘

如何认识想认识的人？

认识只是认识，自身如果没有吸引力，没有付出的心态，无法有更深度的关系，无法有更多的交集，更谈不上是实现了社交破圈。

既要认识对方，又要做到有效社交，我们可以注意以下几个方面：

☺ 1. 价值法则：有自己的价值。

让自己有吸引别人的能力，修炼成一个有价值的独立个体。

规避零技能、零付出的社交心态。

☺ 2. Say hi 法则：主动 say hi，打破交友壁垒。

发出你的交友邀请，是破圈交友第一步。

☺ 3. 克服法则：消灭社交心理障碍。

增强社交信心，接纳社交失败，做自己能做的部分，克服胆怯心理。

☺ 4. 不否定法则：不要自我否定。

要勇于祛魅，不要过度抬高他人，否定自己。

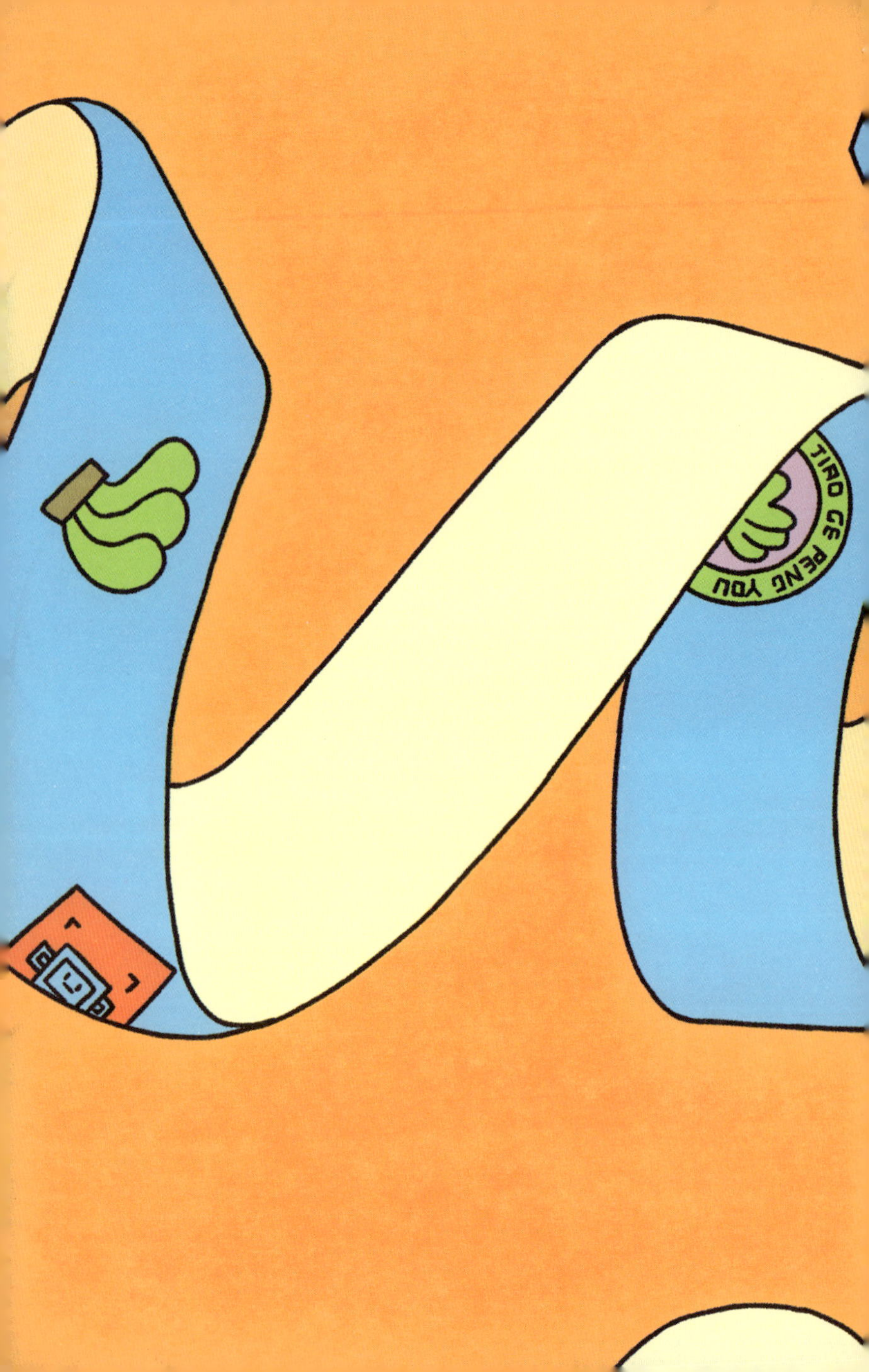
JIAO GE PENG YOU

第四章
B线任务

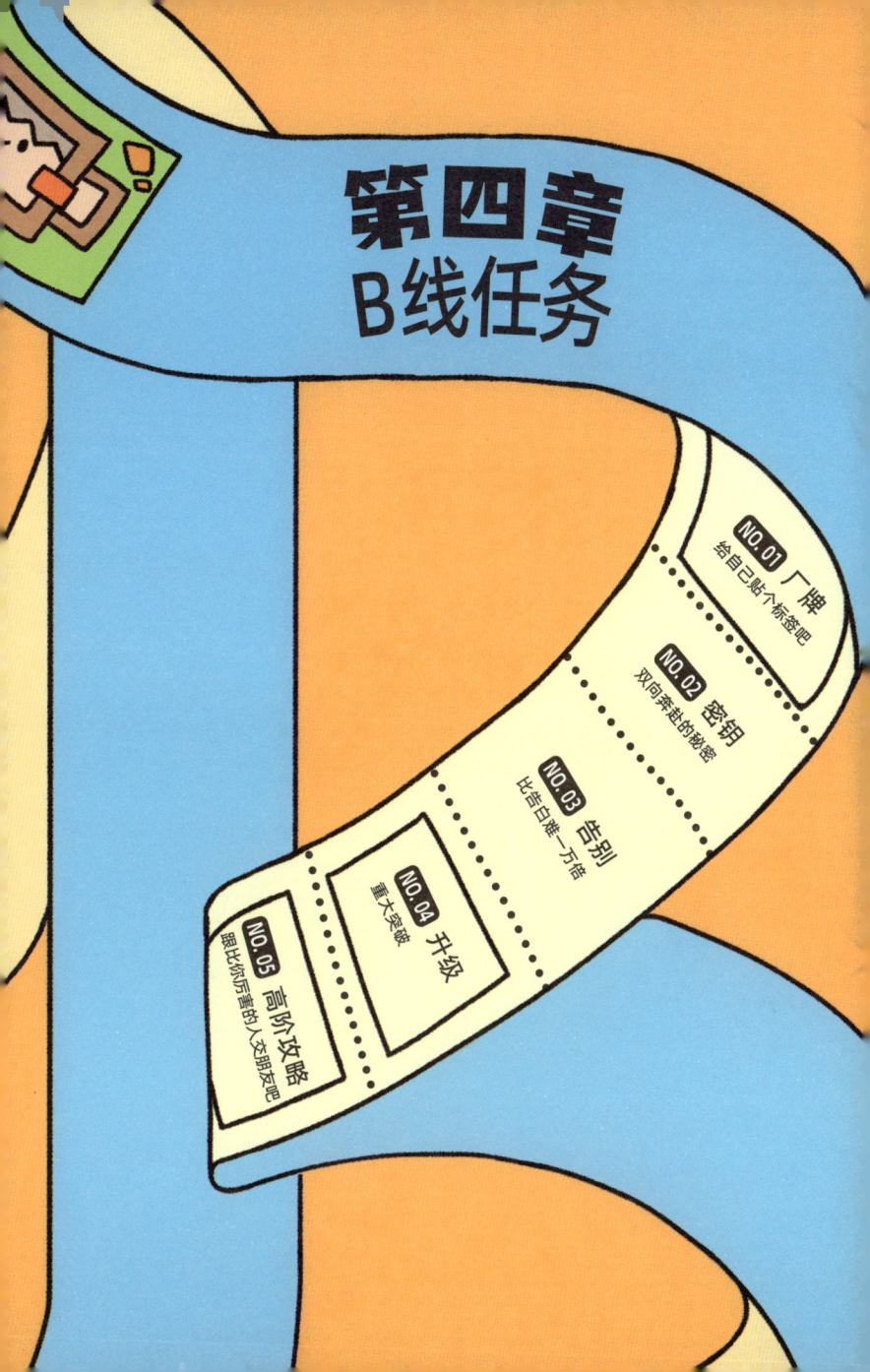

- **NO.01 厂牌** —— 给自己贴个标签吧
- **NO.02 密钥** —— 双向奔赴的秘密
- **NO.03 告别** —— 比告白难一万倍
- **NO.04 升级** —— 重大突破
- **NO.05 高阶攻略** —— 跟比你厉害的人交朋友吧

厂牌

NO. 01

NOTE

给自己贴个标签吧 TAG

请完成B线第一个任务

找到三个标签介绍自己

人的第一印象很重要，我很认可

很多时候,第一印象都是从第一次自我介绍开始的。

早期，当我介绍自己还在用我是个游戏博主的时候，
很多人会自然地认为，我是一个打游戏很厉害的人。
有时候，这正是我想要的效果。
我会说，不不不，我玩游戏并不厉害，
甚至我还参加了一个小组织，叫作"手残联萌"。
大家一听这个名字，都会心一笑，
知道我的定位是什么样的了。

这就是一个比较不错的小幽默,而且有互动,有反转。

他并不是干巴巴地听着你讲,你们还可以互相了解一下对方的认知,看看有没有更多话题。

最终的结果呢,他应该会觉得我是一个幽默的人,知道我的主业是打游戏做视频,而且游戏水平不是很好。

有些想法比较活跃的人,可能还会想到,你既然游戏水平一般,那你的视频还有人看,应该是你的口才不错。

对于会主动来问我游戏水平的人,我会认为他对游戏也是感兴趣的,所以我偶尔还会补充一下,告诉大家虽然我自己游戏水平一般,但我认识一些真正的游戏高手。如果大家有什么游戏上分[1]的需求,可以直接来找我。

这也算展示了一下我的人脉,但不要跑偏成炫耀,而是为了给之后的联系铺垫一些可能性。

你把你能做到的事情都表达出来,给对方留下一个比较立体且亲和的印象,这就是一个比较不错的初印象。

---

1. 游戏上分:很多游戏都会有排位积分机制,赢得越多积分越高,段位也就越高。

1

当然，模板也不是一成不变的。比如随着现在我涉及的领域越来越多，我还会说我在拍一些生活区的视频。游戏也许不是每个人都有了解，但生活一定是每个人都有的。

2

听到的人就会问，你拍的是什么样的生活呢？

我就会讲我现在去海外拍内容的经历，了解世界各地的生活，探索当地热门的美食。如果他对某个你提到的国家感兴趣，想问问你有哪些地方好玩，你们就可以展开聊聊了。自从自我介绍方向发生了转变，我开始成了很多朋友的旅游顾问。

走遍全世界！

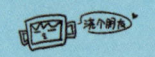

一开始有些打算出国的朋友会来问我，去欧洲需要注意些什么？有没有危险？土耳其好玩吗？有没有什么必玩的项目？然后我就会把我的经验总结告诉他们，有些人也会分享一些他们的经验。

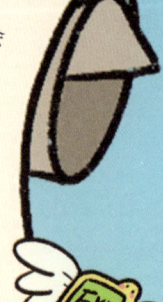

时间久了，我这个标签越传越广，我去的地方也越来越多，可能有些朋友一想到出国，不管是去哪个国家，他们都会先想到我，来问问我的攻略。

每个人一定都会有自己擅长的领域，你要找到你的存在感，学会发挥你的技能，并让别人知道这件事。可以广而告之，也可以默默地露一手，惊艳众人，争取能留下一个独特清晰的标签在你的社交圈里。

02

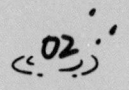

初印象

初印象只是第一步，
后续联络才是重中之重。
接下来我要讲两个很重要的秘诀，
其中第一个，就是我反复提到的——真诚。
千万不要为了塑造人设而故意设计一个
不真实的你。

我一直认为不论是交朋友也好，
做视频也好，
人，都要保持真我。

保持真我，
哪怕会暴露一些缺点也没有关系，
甚至很必要。

在前边"友善开麦"这节我提起过朋友小刘的相关趣事，他是比较节俭的人。

节俭肯定是一个好的品质，但是在一些集体活动中，就难免会对大家有影响。

可正是因为他有这个"缺点"，才显得他很真实，这并不会影响我们大家之间的感情，我们依旧是好朋友。

我们知道这位朋友比较抗拒高消费的活动，为了不让他纠结难受，他在的时候，我们自然就不会考虑高消费的活动。

我们最终会找到和谐的相处之道，是因为他坦诚地表露出了这个小毛病。但如果你本来是一个花钱比较克制的人，又在朋友之中表现得很大方，那你之后一定会越来越痛苦，这段社交关系也很难长久。

不如就展示你的本性。

只要尊重他人，不伤害到双方，就没必要压抑自己。

哪怕你是个脾气暴躁的人，你明确地表现出了，这其实是对你自己的保护，大家都能比较清楚你的底线，不至于压抑久了爆发一个大冲突。

我小的时候有点自卑，觉得自己做不好事情，家庭条件也不如别人。可能是出于自我保护的心态，就喜欢包装自己，谎称家里有车，爸爸会开车带自己出去玩之类的。

幸好我很快就想明白这样不对，及时终止了，要不然一定会让当时的我更加痛苦。

还有朋友之间,经常会进入互损或者阴阳怪气的氛围,但这也并非每个人都能完全接受。

就算是比较熟的朋友,也可能会开玩笑开得过火,我就稍微严肃地说,你再这样开玩笑就没有意思了,大家一般就不会继续了。要是任由朝这个方向说下去,我一定会非常难受,所以一定要及时表达不适,不要为了社交气氛的表面融洽,让自己受到伤害。

一段社交关系的结束,除了不愉快地崩坏,可能更多的是淡忘。

如果说,真诚是为了让关系尽可能健康长远地发展,那么下一个秘诀就是帮助你让社交关系不要在无声无息中消失。

BOY

我将称这个秘诀为——轻型社交。

这个秘诀的本质,就是让你在社交圈里维持存在感。

我的视频本身就比较贴近生活,我做视频又如同喝汤一样非常高效,所以我的朋友可以很轻易地知道我最近在做什么。

这是我作为视频 UP 主的优势,但是大家肯定不会都是自媒体人,此时私域社交的秘密武器就要被利用起来了。

BOY

美丽的城市,我又来了!

♥ 黄哥

BOY

微信朋友圈也好,微博也好,在这些朋友们能看到你的地方,多去分享一下你的所见所想,让朋友们了解你最近的生活。

尤其是当你在行业中已经有所建树,也可以通过这种方法,分享你的技能或者爱好,来增加一些社交的可能性。你加过的好友,行业大佬也好,合作伙伴也好,让他们也多多了解你的动态,充分利用社交网络的便利性。

假如你没有那么多内容可以发,也可以偶尔去给你的朋友们点个赞,评论一两句亲切或者有水平的话,都是有用的。你不需要付出太多精力去深入打理,很简单地就可以维持一个不错的氛围。

我有一个员工就很有趣,我们都叫他黄哥,他平时就是会给刷到的每一个人点赞。在各种人的朋友圈下面,不论你发什么,都可以看到他点个赞。时间久了,他在大家心里就有了一个点赞达人的标签,无论你分享什么他都会捧场,这就是一个比较有趣的例子。

所以我加了那么多不同领域的好朋友,平常也没什么机会能去和他们聊天,我就给他们点赞,或者评论一些有趣的话,不要加了对方之后就像消失了一样,这也算一种尊重。

▼ 看见自己?

▼ 如何让朋友

游戏复盘

如何让朋友看见自己？

你有没有想过，在周围朋友眼中的自己，是什么样的呢？

我常常说，真诚不伪装，是一个人在社交中能走得更长远的秘诀。

这不仅仅是对你身边朋友们的尊重，也是对你自己的保护。

在真诚的基础上，也可以适当地用一些小技巧，不要成为一个可有可无的人。

这些可能会对你有帮助：

☺ 1. 亮相法则：初印象很重要。

设计一套有趣的开场白，让人能很快记住你。

一些有设计的互动或者反转，也许效果会不错。

☺ 2. 守拙法则：试着接纳你的小毛病。

只要保证互相尊重，有缺点的人会更加生动，也更加令人亲近。

不要为了气氛融洽，让自己忍受痛苦，否则关系也很难长久。

☺ 3. 轻型社交法则：善于利用社交媒体。

社交动态也是不可忽视的社交利器。

发条动态，保持些许的存在感。点赞评论，你我也算赛博老友。

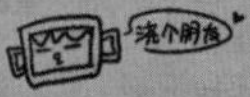

密钥

NO. 02

> NOTE: 双向奔赴的秘密~

请完成B线第二个任务

和朋友的关系更进一步

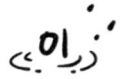

我认识的人很多，其中很多都是交情不错的朋友，他们分别在各个时期给予了我很多帮助。

不只是日常的吃喝玩乐，关键时刻也要能互相成就，我想朋友的意义也许就是这样。

我平常对于朋友的请求，基本上是来者不拒，能帮到的我基本都会去帮，我不在意他对我有没有利用价值，这可能也是为什么我的这些朋友会反过来愿意帮助我。与此同时，要平等地看待你的朋友们，不要把朋友分成三六九等，这是我所奉行的观点。

我刚认识某对情侣 UP 主的时候，我们的粉丝量应该差了十倍，当时是那位女 UP 主先来找我合照并加了微信，没想到我们聊得很开心，之后还成为很好的朋友。

我当时还和那位男 UP 主说，我看过你之前拼乐高的视频，如果你能瘦到之前的样子，我就可以关注你。到现在他也没有瘦回之前的样子，我也一直没有关注他，这个梗甚至延续到了现在。

他们提到这件事情，觉得挺不可思议的，我会这么愿意和粉丝不太多的 UP 主交朋友，所以很想向我学习。

我就告诉他，我确实不在意粉丝量这些东西，互相欣赏对方的优点，能聊得来，自然就能当朋友。

朋友在刚开始认识的时候，关系的紧密度往往在一些很小的细节上，比如打球时这次是他买了一箱水，下次是你买了一箱水，这样互相释放关心。

> 但是切记不要轻易地聊一些敏感话题，政治也好，宗教也好，都是很容易引发冲突的话题。如果你觉得和他还不够了解，关系还没有非常深入，这些敏感话题应该提都不要提，最好还是聊一些兴趣爱好，这样容易有共同话题的方向。

> 如果你觉得关系可以更进一步了，你们可以选择互相关心一下生活。

我去年认识了一个新朋友,他是职业电竞选手,同时在一个平台做游戏直播。

我最初认识他的时候,还不知道他在圈子里小有名气,就觉得他是一个挺有趣的小朋友。我们一起联机玩过一次游戏,后面就加了微信。

他偶尔会来问我,你能不能分享一些做视频的经验,他也想尝试一下做视频。基本上所有的问题我都会回答他,一来二去,我们的联系就多了起来。

直到最近他要搬家,我给他推荐了一些小区,都是我认为非常不错的地方。虽然他最终选定的,并不是我推荐的那些小区,但是他应该看出来我对他找房子的事非常上心,就非常热情地来联系我,把他觉得不错的所有房子,都拍成视频发给了我。他说,"王哥这都是我严选的,你要是想换房子,可以参考一下。"

这样的交流就让我觉得非常亲近,我对他足够真诚,那他对我也很真诚,毫无保留地分享了他生活中的点点滴滴。

02

这也让我想到，共同话题不一定非要从兴趣爱好里去找，生活才是最大的共同话题。跟很好的朋友在家里聚一聚，一起做顿饭，也是提升友谊的好方式。

我还有一个好朋友，经常在美国，也是一位 UP 主，混迹于"军火区"。

他回到上海的时候，车经常要给家里人开，可他自己又不喜欢打车，更喜欢开车。我知道这件事情之后，就主动提出把我自己的车给他开。慢慢我们也有了默契，他平时会借我的车开，如果我有事情要去什么地方，他也会开车送我过去。

之后我去美国，那里的高速公路上人们开车都非常快，我不敢在这种情况下开车，所以我在美国的全部路程，基本是这位朋友开车载着我。

他回国之后，我自然也会去机场接他，之后我下午有事情，就直接告诉他，并把车留给他，他也完全可以理解。这样互相的体贴，也是我们关系很好的体现。朋友关系好到一定程度，除了好处互相想着对方，也要能互相体谅对方的不便。

说到朋友对我的帮助,还有前段时间,我拍了一个视频企划,内容是"躲猫猫"。

因为涉及的场景非常大,人员非常多,除了场地要摆很多不同种类的摄像机之外,每个人还都要带一个运动相机。这些相机如果都要买的话,那就太过昂贵了,而且之后也不一定都能用上。

我有一个很关注的朋友,他的每期视频内容我都会看。遇到我觉得拍得很有意思的内容,我总会跟他聊一聊,问问怎么拍的、预算多少,等等。在这些日常交流的过程中,我自然而然地知道有些拍摄画面是真的烧钱,也知道他认识很多设备厂家。

于是通过他的介绍,我认识了厂家的朋友,从他们那里借了很多的运动相机和一些其他的录制设备,节省了很大一笔原本需要购买设备的花销。

如果没有日常的联络,不提贸然开口这么大的事情会不会奇怪,我可能都不会知道他有这方面的人脉。

03

还有一位朋友，我们是在 ChinaJoy [1] 上认识的。

展会当晚有一个聚会，刚好我们都去参加了。这位朋友之前就听说过我，于是主动来找我聊天，介绍了一下自己，也加了联系方式。

之后我们偶尔就会在微信上聊天，因为他是在游戏公司上班，他们公司如果那段时间要上线几款游戏，他就会来跟我介绍一下，后来还会直接给我游戏的激活码，问我有没有兴趣玩一玩，做一些视频。他跟我聊完我就会去了解一下这个游戏，但我也是很务实的，如果不感兴趣也没有勉强自己去玩。

我们聊得越来越多，关系越来越近，也就有了更多的接触。有一次他邀请我去他家里吃饭，那位朋友是个新疆人，做饭很有一手，当天的氛围非常融洽。疫情期间，他还代表他们公司，邀请我去了美国一个很大的游戏展会。

我后来甚至发现，他和我之前提到的那位"军火区"UP主，两个人是曾经一起打职业电竞比赛的队友。我没想到，还有这样

1.ChinaJoy：全称中国国际数码互动娱乐展览会，每年举办一次，是全球数字娱乐领域最具知名度与影响力的年度盛会之一，涵盖游戏、动漫、互联网影视、互联网音乐、网络文学、电子竞技、潮流玩具、智能娱乐软件及硬件等数字娱乐多领域。

一份缘分在里面。

多次的接触,让我觉得他很有能力,在游戏领域里颇有建树,也是一位值得信任的朋友。

所以后来我们的游戏公司拉投资,需要找一个专业人士来给我们的商业企划书把把关时,我就想到了他。

那段时间找投资还挺困难的,对于公司的要求非常严格。我们当时已经做出了一版商业企划书,但因为没有太多经验,对于成品并不是很有把握,就很需要一位信得过而且资历很深的人来帮帮我们,我第一时间想到的就是这位朋友。

这位朋友非常热心地给了我们很多建议,比如要给投资人写清楚未来的盈利点,当前的赛道太过小众,需要优化一下关键词,等等,确实对我们帮助非常大。

之后他主动问到我们,目前见投资人的情况,在得知情况并不太理想后,还提到自己有很多游戏大厂的关系,可以去帮我问一下,看看有没有机会。这些帮助真的令当时的我受益匪浅。

关键时刻找对人,这非常重要,但想要做到不能只靠临时抱佛脚。

如果你的心态是,这个朋友对你有用那他才值得交,也许一次两次是可以让你有所收益,但长远来看,这并不利于你搭起一个健康的关系网。

这需要你在交朋友时就付出足够多的真心，也尽量给出你能提供的帮助，慢慢扩展你的交际圈。也许你在某个时刻会发现，你的真心也换来了真心，得到了朋友们对你的支持。

▼ 游戏复盘

▼ 如何让关系更紧密?

如何让关系更紧密？

朋友的付出从来都是双向的,你想获得帮助的前提,自然就是你也要对得起你的朋友们。

也许每个人交友的观念都不太一样,但我自己一路走来,很看重的就是要平等地看待我的每一个朋友,多接触接触不同圈子的人。以及我对于朋友的求助,在不损害自身的情况下,能帮多少就帮多少。

如果是和你聊得来的朋友,你肯定也会希望关系更进一步,除了兴趣爱好这些共同话题,不如也去关心关心他们的生活,邀请他们来家里一起做顿饭。

当你付出真心之后,当你真的需要朋友帮助时,你会发现朋友们也会愿意真心地来帮助你,这个时候也需要相互信任,实现共赢。

我可以大概总结成以下几点：

☺ 1. 无私法则：让自己的付出大于回报。

在你力所能及的情况下，让自己付出的多一点，

这样你会慢慢吸引来更多的朋友。

☺ 2. 培养法则：人脉在于点滴积累。

想要在关键时刻找对人，一定是要在平时就积累好你的人脉，打点好你的关系。

☺ 3. 信任法则：建立互信，事半功倍。

真诚换来真诚，信任也会换来信任。默契的信任是相处时最宝贵的东西。

☺ 4. 共事法则：学会共同做事，分享利益。

共赢的关系一定能走得更远，尝试多去与你的朋友共事，分享成果，互相成就。

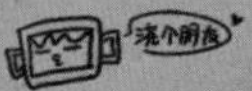

告别

NO. 03

NOTE 比告白难一万倍

请完成B线第三个任务

尝试表达拒绝

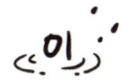

不知道大家有没有听说过"邓巴数字"?

这个理论就是说,人类的智力水平决定了一个人能稳定维持的社交关系大概就是 150 个。

这个社交关系同时也包括我们的亲人、同事,剩下能留给朋友的份额,还会更少一点。

我们前面一直在说要多交朋友,但是无限量的交朋友,也许只是我们的美好幻想,实际情况就是总会有人在你的世界中进进出出,有新人来,自然也会有人离开。有的朋友联系频率高一些,有些朋友低一些。

一个人的生活也一定不是只有社交,也要有留给自己的时间,所以如何平衡社交与生活,如何"修剪"你的社交花园,也是需要我们思考的。

因为对身边朋友都很热情,对各种工作也都十分感兴趣,早期的我也不懂怎么跟朋友表达拒绝。

那时候我在上高中，通过本地的漫展认识了一些差不多年纪的朋友。

其中有一个朋友知道我在做游戏实况视频后，就问我，周末能不能去我家玩游戏。当时的我已经很有事业心了，周末的时间都有自己做视频的安排，但是又不好意思拒绝。想到我自己也会去别人家玩电脑，大概一两小时就结束，我就认为这次也差不多会是这个情况，于是便答应他了。

他在周日下午来了我家，因为我的游戏库存确实很丰富，各种类型的都有，有的就是他自己玩，我在一旁看着；有的游戏是双人的，我就陪他玩；有的游戏他不太擅长，他会让我玩，换成他在一旁看着我操作。

不知不觉，一下午过去了，时间已经到了晚上六点，我们一起吃了晚饭。饭后，我们回到了我的房间继续玩起了游戏。

我当时的心情是非常挣扎的,我还在惦记我的视频。每个周末我至少要录四个视频,这样规划下来,白天我至少要录两个视频。现在已经是晚上,我一个视频都没开始录,我的焦虑感像火箭一样在上升。

推到晚上八点,我经历了漫长的心理斗争,鼓起勇气,告诉他晚上还有很多视频需要制作,今天能不能就先玩儿到这里?

我这有点像赶客的表达,让我很忐忑,很怕扫了他的兴。可没想到,他听到之后很痛快地答应了,然后非常平静甚至还有些开心地离开了我家。他这个反应让我松了一口气的同时,也有些懊恼没有早点把我的困扰告诉他。

应该早点告诉他……

02

工作上的教训，我也是有过的。

我刚刚来上海的时候，会有漫展来找我去做签售活动。因为是第一次以这种身份参加漫展，终于能正式在线下见到我的粉丝，我超兴奋的。签售当然真的很累人，但不重要，我有想见粉丝的心在支撑。

有一次参加北京的漫展签售，规模真的很大。来参加的朋友特别多，签售区的工作人员没有限制排队人数，那次的战线拉得超长。

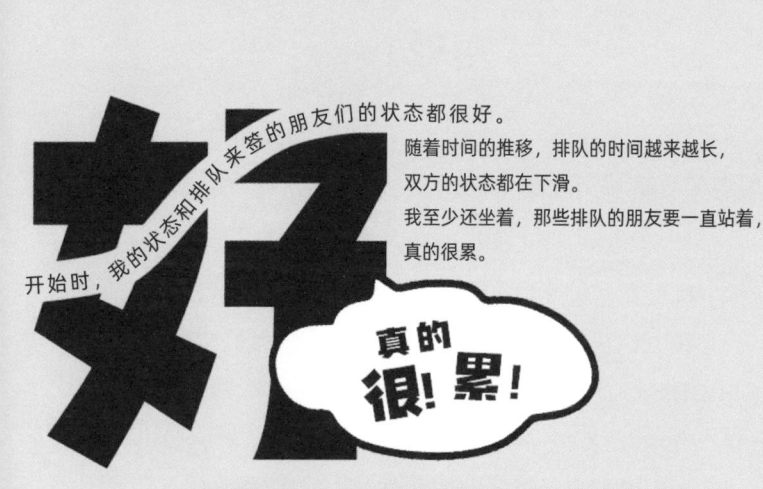

开始时,我的状态和排队来签的朋友们的状态都很好。

随着时间的推移,排队的时间越来越长,

双方的状态都在下滑。

我至少还坐着,那些排队的朋友要一直站着,

真的很累。

真的很!累!

北京签售会以后,再有太大规模的签售活动,我都会慎重考虑。

该对邀约方说不的时候,就表达出来。如果我不能以饱满的状态来应对后来的排队的朋友,

双方的体验都不会太好,我还是更喜欢大家都舒服的状态。

表达拒绝,对谁来说都是有压力的事,我也一样。

但我学着去合适地表达它,这就要说到我来上海几年后的故事。

03

刚到上海的我经历了一段低社交模式,但在发现社交的有趣之后,一度进入了疯狂模式。

有朋友叫我吃饭,我去。有朋友叫我去密室,我也去。可以说只要是有社交的活动,你都可以看见我的身影。那时的我对于一切都是充满好奇的,什么都想见识一下,什么朋友都想接触一下。也确实有很多朋友,是在当时认识的。

可是时间久了,我开始反思自己的状态。如此密集的社交活动,几乎占满了我的生活,我没有什么时间留给自己了。

我更需要的其实是提升自己,想花更多的时间在自己的兴趣爱好上。如果每天都是吃喝玩乐,当下也许是快乐的,但是并不能让我自己有所提升,所以为了长远发展,我开始有选择地参加朋友的邀约了。

除了日常活动，像密室这样的娱乐项目，我开始谨慎答应。因为我那两年玩了太多密室，已经没有太多兴趣。但如果有机会认识我感兴趣的新朋友，我也会参加。

娱乐活动中，有一类我还是尽可能参与的，那就是运动。

对于上班族，或者我们这些需要长时间用电脑的人来说，运动的机会并不多。久坐不运动，会导致我们的身体机能下降，为了身体着想，一旦有打篮球、羽毛球这样的机会，我都会积极参与。

总之，我的核心是为了让自己变得更好。

拒绝这件事

拒绝这件事说起来容易,但执行起来阻碍重重,
首先你心中就会恐慌。
我在早期的时候,会有心理压力,可能他们找我五次,我只会拒绝两次,其余三次我还是会答应的。

但是我发现,你每次都坦率一点,保持一个好态度,
哪怕是拒绝,也不会影响你和朋友之间的关系。
反而是你出于心理压力,勉强答应了邀约,
但最后又找借口不去赴约,
这样更会让大家对你的印象变差。
想通了这一点,
我以后再提出想拥有自己的时间,
也就能更加坦然,
我的朋友慢慢也理解了我想改变状态的需求。

新鲜感

反倒是我这个拒绝模式维持久了之后,偶尔我答应一次,大家也更有新鲜感了。

当时我们这些在上海的 UP 主，晚上没事就经常去 KTV 唱歌，
每次叫我基本都会拒绝，
但这件事情也好像成了一个梗，
他们知道我不会去，还是乐此不疲地邀请我。
突然有一天，
在他们又一次约我的时候，我答应了。
那次的聚会气氛特别的好，
虽然大家都已经是不能再熟的朋友，
但确实让我感觉气氛就是不一样了。
说回到拒绝，这个模式后来也慢慢过渡到了我的工作当中。

04

早期的时候,我对工作也是来者不拒,什么类型的活动都会参加。那时候有媒体出了一个榜单,在颁奖的时候想邀请我过去演讲,我就很开心地参加了。

从那以后,越来越多的演讲来找我,我只能开始拒绝了。因为能讲的内容就这些,讲一次两次还好,但每次去都是翻来覆去地讲同样的内容,也确实挺没意思的。可能是我的态度很好,说的也很有道理,后续我还推荐了更适合的朋友,这样就很愉快地拒绝掉了一些邀请。

直到现在,我开始接触音乐行业,会有一些音乐人朋友邀请我去他们的巡演里当嘉宾,我也并不会像一开始那样全部答应了。

因为我住在上海,大多数的演出都是在这里,去的次数多了,我也会更希望去一些没去过的地方演出。所以,每当有上海的演出邀请我时,我就会婉拒,但是也提出,如果有其他地方的演出,还是可以找我。

这样并非完全拒绝,给对方留下了选择,对方往往也感到比较舒适。

上面几件事情，都有一个通用的注意事项，就是拒绝的方式要高情商，不要让对方难堪。其中最要避免的，就是不去回应，装看不见消息。可能你确实对于拒绝别人，有很大的心理负担，只好装作看不见。可是这种时候，负担在对方身上，也许发生个一两次，你就失去这个朋友了。所以，还是要慎重再慎重。

▼ 无效社交？
▼ 如何告别
游戏复盘

如何告别无效社交？

我们说到社交，本意还是要成为更好的自己。

不要被过多的关系蒙蔽了双眼，迷失了自己，该拒绝的时候要果断拒绝。

不妨这样想一想：

☺ 1. 自我发展法则：让自己有更好的未来。

如果社交干扰了自身的发展，就需要及时去调整，不要本末倒置。

☺ 2. 坦率法则：拒绝 or 承诺，坦率说出来。

一次明确的拒绝，远远胜过反复和失约。

☺ 3. 高情商法则：拒绝更需要高情商。

拒绝不是绝交，请不要让对方难堪。

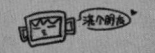

升级

NO. 04

NOTE

重大突破！

艰难破圈ing...

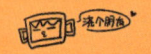

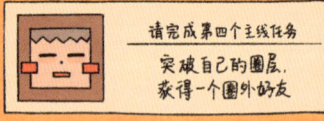

请完成第四个主线任务

突破自己的圈层，获得一个圈外的朋友

有时候，有光环的人，
会激发我们的躲避本能，
会天然地想保持一定的距离。

太亲近，怕对别人是冒犯、是负担。
我起初也会有这样的心态，
但现在不会了。

现在的我，
会更乐意用平常心来面对人和事。

我曾经受某平台邀请，去参加一个明星的EP[1]发布会。这其实是带着工作性质的，当时没有想太多，猜想大约是完成这个工作，就结束了。

没想到，发EP的大明星是一个特别热情的人。活动结束后，他的经纪人主动将我和一些朋友拉了个群。这个群里面的朋友，大多是跟游戏相关的。

当时觉得很不可思议，大明星愿意和我们建立连接呢，unbelievable（不可思议）。这个群建完之后，我脑子里就迸出了一个想法，既然大家都在一个群里了，那是不是可以尝试加一下大明星的微信呢？

我申请了好友，隔了几个小时之后，他真的通过了！哈？这就通过了吗？我主动跟他say hi，大明星也有回复。

虽然是微信好友了，还是会抱着一种有距离感的心态。我不能过多打扰他，毕竟人家是个大明星。

反而是他主动放下他的明星光环，发微信说："可以经常一起玩啊。虽然可能消息不会回得很快，因为工作上面比较忙。不用对我有那种特殊的对待，咱们像正常朋友一样聊天就可以了。"

1.EP, extended play 的缩写，指迷你专辑。

那个时候我发现，原来大明星也是正常人。他不会因为有什么样的荣耀，有千万粉丝的喜爱，就会在现实生活中，把自己塑造得多么遥不可及。

反而，越优秀的人，越会平等地对待每一个能跟他接触到的人。我也从大明星的身上，学习到了这个品质。因为我也会加一些可能喜欢我很久的人。我会发现，他们有些时候跟我聊天，也会有些拘谨。或者想要麻烦我一个事儿，发超长篇幅来说明，但就是一件很小很小的事儿。

我想，正常的交流才是最好的吧。越是那种放松交流的状态，双方反而越喜欢。一方有压力，也会传导到另一方。不如把事情简单化，一两句话就能聊清楚。这样，开口的人预期不会拔得太高，听的人也不会感觉到紧绷。

我正想靠近，你刚好女子的伸手

友情的
心动瞬间是

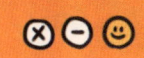

友情的
心动瞬间是
我正想
你别好伸手

02

有些朋友，对开口请别人帮忙感觉有负担，很怕给别人添麻烦。但其实关系的建立，某种程度上就是彼此麻烦，互相帮忙。人与人之间的关系，反而是在互相麻烦的过程中，逐渐加深、变得紧密。

面对在某个领域很有研究的朋友时，多麻烦他们，未尝不是对对方的一种认可。

我认识一些大V，各个领域的都有。有营养学专家、野外生存专家、美食博主、心理学专家等等。虽然大家专业不同，但我们都是视频制作者，再加上我比较健谈，不知不觉就认识了很多朋友。

有个心理学方面的老师，他觉得我这个人有意思，常主动找我聊天，分享一些有意思的事。

我周围另一些朋友，会有焦虑症、躁郁症、抑郁症，各种各样的都有。有的朋友，发病时真的很难受，会来找我，问我怎么办？我就想到了我心理学的朋友。

你说，这个时候，有这样专业性强的朋友，有没有帮助？我感觉还是很有帮助的。

心理学的朋友，听过症状之后，会首先建议我们去当地的正规医院面诊。等我的朋友拿到了诊断书，心理学的朋友还会帮忙给出一些建议。

我年纪更小一些的时候，精力等各方面都很充沛。现在年纪渐增，我开始关注怎么让自己更健康、怎么让自己的精力更充沛、怎么消除身体的疲惫感。这时候，你身边如果有营养学方面的从业者，就能特别快速地获得精准且有效的信息。

当然，你也可以自己学习、查阅资料等，但是花费的时间和精力比较多，需要一个不断查证的过程，而且缺少流动性。

03

普通人突破自己的圈层，
向上社交，
我觉得还是很有必要，

并不是单单只去认识跟你利益相关的一些朋友。多结识各行各业、各个领域的朋友，才能把视野打开。

向上社交是很好的，

但其实向左向右一样很有意思，也会有很好的化学反应，不要排斥。

要如何做呢？

最重要的一点是，要把想法转换成行动。做任何事情，都不要只停留在想的层面，有想法了，就一定要去实践。一定要行动起来！不要害怕失败！人生不可能一帆风顺！一定是先有失败了，才能总结，才能更好地去做自己。

失败是一定会存在的，不要觉得你做这个事情，你失败了就比别人差。不是这样的。我们现在在网络上能看到太多成功的案例，会有一种错觉，让人感觉每一个人的成功都非常轻松。其实他们都把失败的部分给剪辑掉了。

突破自己原有的交友圈层，尤其不要害怕别人的拒绝，要接受别人对你的拒绝。当你可以把拒绝当成成长的一部分，你的内心会越来越强大的。

心态到位了之后，一定要多多实践哦。

在具体的实践过程中,可以向身边的朋友寻求反馈,问一下朋友的感受,来逐步提升自己的交友技能。比如,刚刚的聊天有没有觉得不太一样?有没有被我幽默到?会不会觉得我更有自信?

还有一个比较细节的点,随时随地注意一下自己的表情。

之前提过,其实表情也是在社交当中很重要的一个表达环节。保持微笑、一定得有眼神交流。聊天的时候,眼神不要闪躲,对于你表达的东西,你自己都眼神闪躲了,别人会觉得你不自信。

遇到不开心的事情,别拉着一张脸,不开心可以说出来。在交流时,大家除了听你说话,还会看你的脸。在表达的时候,你的表情、整个人的情绪,如果都给人一种很冷淡的感觉,容易在交谈中让别人产生一些不好的印象。

比如，我的朋友，有些时候跟我聊天之后，会觉得我表情很丰富。大笑的时候我就会哈哈笑、吃惊的时候我的表情就会表现得比较惊讶。我从上学的时候就这样了，有一些表情夸张的表达。这种状态一直跟着我，不是刻意去形成的，但我觉得这个东西有必要去刻意练习。

还可以通过一些小的肢体接触来拉近朋友间的距离。比如握手、拥抱、你跟你的朋友间特定的打招呼姿势，等等。

▼ 普通人如何

▼ 突破圈层？

游戏复盘

普通人如何突破圈层？

有时候质变就只是一瞬间的事，在那之前是无数的细小积累的叠加。我们想在社交层面突破自己的圈层，更是不能忽视每一个细小的进步和提升。同时，也要稳住自己的心态，遇事平常心反而更容易收获意想不到的好结果。

归纳一下，需要遵循的法则有三：

☺ 1. 动起来法则：光说不练，啥也不是。

只有动起来，才是想法的外化，不然就是空谈。

☺ 2. 反馈法则：学会找朋友要信息反馈。

让朋友成为你进步的镜子，多向他们询问你的表现如何。

☺ 3. 表情法则：注意微表情与肢体接触。

交流时保持好自己的表情，多用小的肢体接触拉近彼此距离。

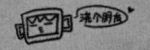

高阶攻略

NO. 05

NOTE

跟比你厉害的人交朋友吧 😎

请征服高级 BOSS
拿到——【个人品牌奖杯】

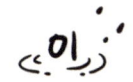

实现向上社交、跟厉害的人交朋友，离不开一个意识，就是把自己当成一个品牌来运营。任何一个品牌都不是天生被大众认识的，都是经过一步步的运营，才逐渐走进更多人的视野。转换到个人身上，一样适用。

媒体信息高度发展的今天，每个人打造个人品牌的环境，空前友好。每个普通人都有平等的机会，去塑造自己的形象和口碑。

当你有了这个意识之后，第二步要做的是积累。一定要提升自己的能力和价值，和厉害的人交朋友，不应是跪来、求来的，而是吸引来的。

我认为大家要想交到各种领域的朋友，要先完成"基本功"，才能去谈下一步。这个基本功包括要培养自己的基础素养、专业性、知识储备量、人际交往能力等。

向上社交不可能一步到位，要一步台阶、一步台阶地往上走。每个阶段都有每个阶段的向上社交。

02

想接触到更优秀的人,并和优秀的人成为朋友,可以主动把握一些机会。

以我为例,之前某视频平台的分享会,我是作为主讲人参加的。那时我也比较年轻,也不懂什么所谓的向上社交,只是觉得这个东西还挺有趣的,我就去了。

演讲的主题是关于"怎么做内容、怎么把内容做好"。演讲时间也很短,20分钟左右。来了全国各地很多的UP主,也来了很多某视频平台的管理层。

没想到演讲结束了之后,有一个闲聊的环节。那时无意加了很多人的微信,有UP主的,也有一些企业高管的。

不得不承认,大家都是在某一个领域做得很优秀后,才能做到高管的。我那时无意加的这些企业高管,有些已经不在某视频平台了,去了其他互联网公司。他们去了别的公司之后,还会想到我。所以除了某视频平台,我也收到了很多其他平台的合作机会。这都是一些工作上,我觉得通过社交得到的一些便利。

所以,有这样类似的机会,可以积极参与。你可以在这样的场合,主动跟喜欢的或想要认识的人聊天,争取结识新朋友。

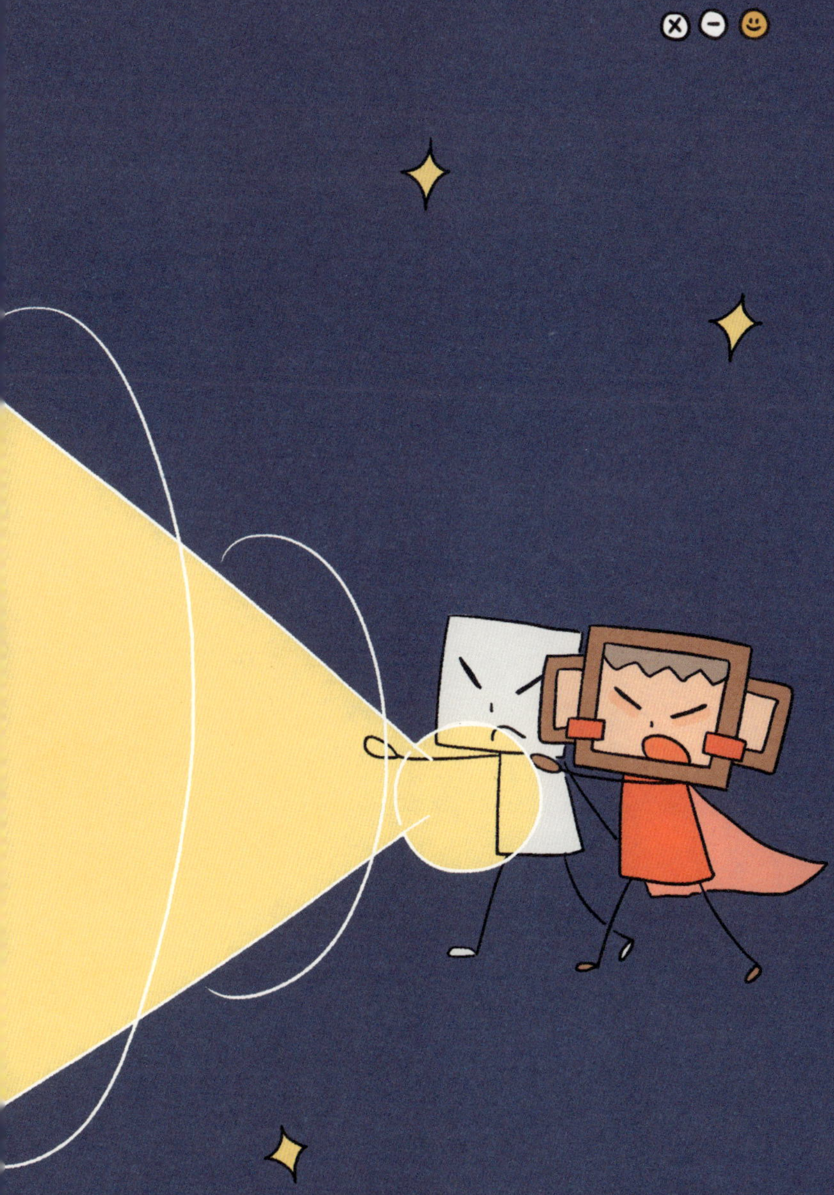

03

如果你还没找到自己的专业领域，可以通过兴趣爱好来切入。这个阶段，向上社交，正是需要认识一些更专业的人。

带着需求跟别人交朋友，第一步需要了解你要认识的人，你需要做一些功课，去了解他的背景、成就、兴趣爱好。第二步，在跟他交流的时候，要体现出对对方的尊重。可以适当地展现出自己的见解，不能只做个单纯的旁听者。要让别人在聊天过程中，发现你的闪光点。

向上社交是交流也是合作。你也要尽力提供一些帮助，也要分享你认为有价值的信息，这样双方才能建立起信任。

向上社交，有时可能会变成一种单方面的询问。比如，你的公司是怎么做人员管理的？你是怎么找到匹配的人才的？你不能一直去提问。那应该怎么做，才能规避单方询问？我认为，这需要我们完成自我品牌的建设和积累，做好自我展示。

普通人如何做好自我展示？

一是，我们可以利用社交平台，私域也好，公域也好，去展示你的专业知识，或者对于某些行业的热爱。这样大家通过网络了解到你，会知道你是一个有热情的人。是在这个方面有努力的人，大家才可能认可你。

二是，去参加各个行业的活动。一方面是可以展示自己，另一方面这些活动也藏着我们平时能接触到的向上社交的机会。

以学生为例，大学里面肯定也有很多交流的机会。比如，一些专家来校园里面进行演讲，或某个教授在北京开一个什么讲座，大家可以去参加这样的会议。

首先，要保持今天不一定非要交到朋友的心态。可以观察台上的人，他们是怎么去分享故事的？因为向上社交，最终是要认识在台上见到的这些人，只是可能没有那么快。他的表达方式是什么样的？要怎么向他学习？

或者像刚刚所说的，你已经发表过很多专业见解，已经在某个圈子里小有名气的时候，也会收到一些类似行业内的会议邀请，那这个时候，就是你展示自己，获得向上社交的好机会。

素养

知识储备　专业性　热情

人际交往能力　　　强心脏

▼ 实现向上社交？

▼ 如何通过建立个人品牌，

游戏复盘

如何通过建立个人品牌，实现向上社交？

去跟比自己厉害的人交朋友吧，那就是社交层面的星辰和大海呀。在那之前，我们要先学会自己为自己背书，自己成为自己的底气。让我们一点点学着建立自己的个人品牌，打造自己的闪光点，勇敢向上社交吧！

简单来说，打通向上社交的路径，要做到以下三点：

1. 意识先行法则：拥有个人品牌意识。

很多人不是不能建立个人品牌，更多的是没有这个意识。

2. 积累法则：不积跬步，无以至千里。

要用行动给自己打底。当有了一定积累之后，可以试着发声。

从朋友圈的展示开始，不断收集朋友和关注者的反馈，

逐渐扩展到全网的各种平台。

3. 逐步放大法则：积少则成多。

当开始有来自熟人圈层之外的认可到来时，

证明你已经完成了首轮的品牌初建。

恭喜【您已通关】

至此,
我们完成了全部的社交任务!
撒花!

回顾全书复盘环节，总结出 52 条法则。

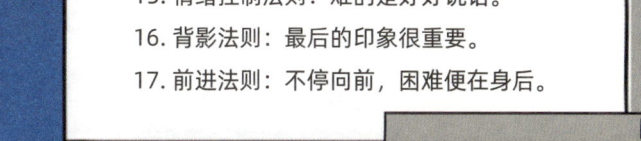

王瀚哲的 52 条交友法则

1. 第一步法则：请勇敢迈出社交第一步。
2. 降低期待法则：接受别人的拒绝。
3. 发光体法则：成为某个领域的发光体。
4. 分享法则：和别人分享你的有趣生活。
5. 坦诚法则：不要做虚假包装。
6. 道歉法则：要敢于认错，及时道歉。
7. 尝试法则：不断接受新鲜事物。
8. 快乐法则：找到能让自己快乐的事情。
9. 聆听法则：倾听、学习、理解他人。
10. 素材法则：准备聊天素材并反复练习。
11. 意义法则：去寻找社交里的正面意义。
12. 机会法则：不要错过社交良机。
13. 圈层法则：相遇即同层。
14. 平衡法则：每个人都应贡献情绪价值。
15. 情绪控制法则：难的是好好说话。
16. 背影法则：最后的印象很重要。
17. 前进法则：不停向前，困难便在身后。

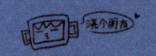

王瀚哲的 52 条交友法则

18. 本心法则：不要因为他人影响自己。
19. Say no 法则：拒绝也是一种尊重。
20. 观察法则：三人行，必有我师。
21. 输出法则：言之有物地表达。
22. 小联系法则：常用"在干啥"问候朋友。
23. 背后夸奖法则：比当面称赞力度更强。
24. 自保法则：跟不熟的人不要太外露。
25. 反思法则：别人为什么对你好？
26. 提供帮助法则：助人便是助己。
27. 珍惜法则：珍惜新朋友。
28. 小火法则：先关注对方的动态。
29. 往事法则：回首一下过去。
30. 直球法则：有事直接聊。
31. 主动法则：谁需要，谁主动。
32. 冷静法则：控制情绪，保持客观。
33. 价值法则：有自己的价值。
34. Say hi 法则：主动 say hi，打破交友壁垒。

王瀚哲的 52 条交友法则

35. 克服法则：消灭社交心理障碍。

36. 不否定法则：不要自我否定。

37. 亮相法则：初印象很重要。

38. 守拙法则：试着接纳你的小毛病。

39. 轻型社交法则：善于利用社交媒体。

40. 无私法则：让自己的付出大于回报。

41. 培养法则：人脉在于点滴积累。

42. 信任法则：建立互信，事半功倍。

43. 共事法则：学会共同做事，分享利益。

44. 自我发展法则：让自己有更好的未来。

45. 坦率法则：拒绝 or 承诺，坦率说出来。

46. 高情商法则：拒绝更需要高情商。

47. 动起来法则：光说不练，啥也不是。

48. 反馈法则：学会找朋友要信息反馈。

49. 表情法则：注意微表情与肢体接触。

50. 意识先行法则：拥有个人品牌意识。

51. 积累法则：不积跬步，无以至千里。

52. 逐步放大法则：积少则成多。

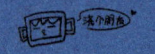

您的角色"王瀚哲"
已通关《下雨啦,浇个朋友》。
现在,轮到你,
在真实世界里"交朋友"啦。

请扫描真实世界测试码

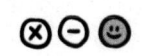

挚友推荐

蔡明

祝贺小友王瀚哲出版了自己的作品,书花花绿绿的,让人看了心情颇好。人生三情,亲情、友情、爱情,其中友情占得一位,正是漫长人生不可规避的课题之一。关于这门课嘛……他是我在 B 站交的第一个小朋友,正如书名,他很会"浇个朋友"!

俞元麟 /
普普通通 Tony 大叔

中国 BOY 是我众多朋友中的交友达人,还记得第一次和他见面,是在我们公司,我们一起合拍一期视频,当时他所表现出的热情和真诚,让我们很快就成了无话不说的好朋友,尽管我们的年纪差了十几岁。

作为一家科技公司管理者的我,在读完这本书之后也是受益良多!中国 BOY 通过简洁的文字,清晰的逻辑加上他成长经历中的各种小故事,配合生动可爱的插画,让我在轻松的氛围中掌握和复盘了各种交朋友的原则和技巧!

不管你已经是社交达人,还是和我一样性格有点内向的 i 人,相信都能在本书中有所收获!放轻松心情,让我们一起享受中国 BOY 为我们精心准备的这本交友"小游戏"吧!

杨迪

与其说这本书为大家提供了一套交朋友的法则，不如说通过阅读此书让王瀚哲也成为你的朋友。写得很细节，掏得很透彻，哈哈，看来只是拥有我们这些朋友已经不能满足他了。

女流

我也是中国 BOY 交个朋友当中的一位，初识时只觉得他亲切随和，仿佛一位相见恨晚的老友，再读到这本书时才了解，原来人际关系中诸多细节和原则，才是一切水到渠成的基础。

爱默生说，要想有朋友，需先够朋友。相信本书也可以给你一样的感受。

孟佳

很喜欢王瀚哲书里说的那句，"世界那么大，勇敢 say hi 吧"，希望我们都能永远拥有勇气与自由。

绵羊料理

本社交胆小鬼认真读完后，发现交朋友好像没那么困难，自己也能顺利通关！

管泽元	中国 BOY 众多称号里，我最喜欢的是快乐小王。
	因为我这人不善社交，生活单调，但是每次和他在一起我都觉得很快乐。
	至于为什么他有这样的魔力，也许答案就在书里。
雨哥到处跑	一本能够让你从"i 人"变成"宇宙超级无敌史上巨无霸究极残暴地雷系 e 人"的人类社会生存指南。
宝剑嫂	我一边害怕和陌生人社交，一边又总是对新的社交有很多的期望，害怕让他人失望与失望。
	直到认识王瀚哲才发现，原来"浇"个朋友，是这么简单。
	希望看完这本书的读者都能找到愿意为自己撑伞的人，都"浇"个朋友！

盛嘉成
———————

我和王哥属于同一种人，所以文中大部分经历和我类似。

这本书也许不能帮你成为社交王，但是可以帮你解决一些交朋友的困难。

交朋友太重要了，在工作上有朋友可以让你事半功倍，学习上有朋友可以帮你答疑解惑，娱乐上有朋友可以让你更加快乐，这些都是我这么多年以来的感受。

哪怕我已经有很多好朋友，也会在与朋友交往的过程中犯一些错误，会影响朋友间的关系，王哥在这本书里也都有讲到，早看到就不惹朋友生气了！

（以长幼为序）

后记

有时候，我会想，
等我四十多岁的时候，
会在做什么呢？

还在做视频吗？我不知道。

但在成长的过程中，
我一定想尝试更多新的可能，
去探索更丰富多彩的人生。

无法想象，
在尝试、探索的过程中，
如果我的身边没有朋友陪伴，会是一种什么样的情景。

毕竟，在我的概念里，
人生中大大小小的事情，都离不开朋友。
好的朋友，会让人发生非常棒的成长和改变。

或许，读一本书的时间十分短暂，
但"社交"这个课题却会始终贯穿我们的人生。

愿大家都能交到想交的朋友，
都能拥有相伴一生的挚友，
都能开启精彩且有朋友同行的美好人生！

THE END

下雨啦
浇个朋友
送给当代年轻人的交友手册
下雨啦，浇个朋友
Hi
你可以当一个“情绪实习生”。
实习
当你选择了“情绪练习生”的模式，你首先要学会
闭嘴
浇个朋友吧
EMM
尬。
NOTE

"社恐挑战"花卡

下雨啦 浇个朋友

- 与理想型路人拍一张合照
- 参与一次四人以上的户外运动
- 逛市集与摊主聊聊卖品的来历
- 给行业大佬或自己的偶像发一次邮件
- 线下购物与老板闲聊五个来回
- 给路边的环卫工人送一瓶水或奶茶
- 路遇牵绳小猫小狗获得主人允许摸摸它
- 做一次志愿者
- 在繁华商圈问一次路
- 公园里找一对银发夫妻倾听他们的相恋故事
- 主动赞美一次美好的人或事物
- 与喜欢的网络主播连一次麦
- 和很久不联系的朋友问好
- 加入一个同好群发布并在群里交友宣言
- 帮不懂"科技"的老年人完成一次智能操作